本书系山东省社会科学规划研究项目“基于视听障群体文化服务的无障碍电影理论建构与应用策略研究”（项目批准号：21CWYJ02）结项成果之一。

心理的光影

无障碍电影的理论建构与应用研究

高　森◎著

中国戏剧出版社
CHINA THEATRE PRESS

图书在版编目（CIP）数据

心理的光影：无障碍电影的理论建构与应用研究 / 高森著. -- 北京：中国戏剧出版社，2024.9. -- ISBN 978-7-104-05570-9

Ⅰ. D669.69；J943

中国国家版本馆CIP数据核字第 2024T545C7 号

心理的光影：无障碍电影的理论建构与应用研究

责任编辑：赵宇欣
责任印制：冯志强

出版发行：中国戏剧出版社
出 版 人：樊国宾
社　　址：北京市西城区天宁寺前街2号国家音乐产业基地L座
邮　　编：100055
网　　址：www.theatrebook.cn
电　　话：010-63385980（总编室） 010-63381560（发行部）
传　　真：010-63381560

读者服务：010-63381560
邮购地址：北京市西城区天宁寺前街 2 号国家音乐产业基地 L 座

印　　刷：三河市华东印刷有限公司
开　　本：710mm×1000mm 1/16
印　　张：15.5
字　　数：237 千字
版　　次：2024年9月 北京第1版第1次印刷
书　　号：ISBN 978-7-104-05570-9
定　　价：95.00元

自　序

党的二十大报告专门指出："完善残疾人社会保障制度和关爱服务体系，促进残疾人事业全面发展。"作为残疾人事业全面发展的重要一环，面向残障群体的现代公共文化服务体系均等化建设成为践行残疾人社会保障制度和关爱服务体系的重要体现。小康社会建设需要精准扶贫，文化小康建设同样需要精准扶弱。视听残障人士作为特殊弱势群体，因为视听觉障碍的特殊生理特征让他们在文化艺术需求满足方面存在着更为艰难的困境。

影视剧作为大众化艺术的重要样式对于面向视听障群体的公共文化服务体系的均等化建设意义重大。无障碍电影作为视听障群体影视文化需求满足的重要方式，在残障群体分享文化红利方面具有举足轻重的作用，尤其是对于视听障群体影视文化供给质量的提升发挥着积极的作用。

近年来，在国家相关职能部门的引导下，在爱心企事业单位和影视制播机构以及社会公益团体的通力合作下，无障碍电影数量与质量均取得了明显的进步，对视听障群体影视文化需求的满足发挥了重要的作用。与此相对应的是，相关的理论研究成果也进行了相应的跟进，对具体的实践经验进行了总结，进一步丰富了残障群体影视文化服务的理论研究体系。

进入新时代，视听障群体对影视文化服务的需求日益提升，对无障碍电影的理论研究和实践应用也提出了新的挑战，一系列问题也亟须引起关注。在理论研究层面，主要集中在无障碍电影的创作研究领域，主要对具体的创作方式进行系统化分析。但是，视听障群体的影视服务是一个复杂化过程，出“政策支持与配套”“管理运行模式”“资源优化配置”“无障碍创新机制建构”“视听障特殊受众”五重影响要素，这些要素与视听障群体心理认知方式紧密相关，对当前无障碍电影理论与实践互动现状形成多点向的解读，也能够进一步明晰具体问题，对接下来的创作创新机制建构与具体应对策略的制定发挥了重要作用。

第六章主要是基于视听障群体心理特点的创作接受效果进行实证调查，主要分为三个部分：一是对视听障群体的心理认知特征进行梳理，从触觉能力、视觉功能、听觉功能、空间感知、语言思维、形象思维、兴趣点、动觉感知等方面进行了具体的分析。二是采用问卷调查的定量研究方法对视听障受众关于无障碍电影的心理认知维度进行调查，进一步明晰特殊受众的观影感受，为具体应对策略的制定提供一手新鲜材料。三是采用定性研究的方法，以焦点小组和深度访谈为具体承载，补足定量研究无法触及的心理要素和认知细节，进一步完善调研资料的科学性。本章内容将研究的视点归置到特殊受众的视角，进一步联通了创作主体、创作客体与创作受众之间的逻辑贯连，让无障碍电影的理论建构与实践互动研究更具针对性和精准性。

第七章主要针对前面章节的研究，结合视听障受众的心理认知特点，概括归纳出无障碍电影发展的创新机制，从创作策划精准可及机制、创作内容联觉代偿机制、创作平台数智转型机制、创作作品多维衍生机制、受众接受素养培育机制等方面进行了具体的分析，在此基础上，从“加强前端策划顶层设计，打造协同联动综合体”“彰显代偿辅助特色张力，建构无障碍创作传播情境”“强化创作内容标准化，调整文本类型空间细分”“弥合创作传播鸿沟，培育特殊受众‘观影’素养”“强化普惠性非基本创作服务理念，打造创作传播‘流动场’”等方面对无障碍电影质量提升的创新路径进行了具体的探讨。创新机制与实施路径的建立确立了无障碍电影问题应对策略的基本架构，与前面章节相呼应，形成了从问题探寻到策略思考的逻辑进路。

第八章主要是在无障碍电影理论建构的基础上对实践应用的拓展研究，选取无障碍美育和视听障题材电视剧两项个案，对无障碍影视的发展进行学理扫描，集中探讨了无障碍电影应用于视听障群体美育的具体策略以及视听障题材电视剧的传播路径，进而延伸出对无障碍电影的应用范畴和传播机制的探讨。这既是对无障碍电影理论与实践互动研究的具体化，也是对相关研究成果应用拓展的一次有益尝试。

本书聚焦新时代公共文化服务均等化建设的重要命题，以无障碍电影为研究的切入视点，以理论建构与实践应用的互动为研究理念，初步建构起具有一定指向性和适应性的理论研究模型，对于具体的实践进展具有积极作用。在具体的撰写过程中，本书力求紧扣无障碍电影的本体特点，试图对一些基础性的理论问题和实践探索进行厘清，为无障碍电影工作的高质量发展提供智力支持。以理论研究回应时代之问，面向实践之问，这也是本书的初衷所在。

绪 论

第一节 研究缘起

一、研究背景

党的十八大以来，以习近平同志为核心的党中央对残疾人事业格外关心、格外关注，习近平总书记反复强调："全面建成小康社会，残疾人一个也不能少。"党的二十大报告对新时代新阶段发展残疾人事业专门作出部署、提出要求，强调"完善残疾人社会保障制度和关爱服务体系，促进残疾人事业全面发展"，为新时代残疾人事业提出了新的要求和发展方向。

残疾人事业的全面发展离不开公共文化服务体系均等化的建设，文化服务的满足也是完善残疾人关爱服务体系的重要保障。文化服务均等化是指全体公民都能公平、可及地获得大致均等的公共文化服务，其核心是促进文化接受的机会均等，重点是保障特殊群众得到公共文化服务的机会，但不是简单的平均化。显然，对于视听障群体而言，他们不仅是文化均等化的重要对象，也是均等化具体践行的难点所在。毕竟，视觉障碍和听觉障碍的特殊生理特征与文化产品的艺术表现有所冲突，比如，以视听为主要表达手段的电影艺术，虽然深受大众喜爱，也是公共文化服务供给的主要艺术作品，但是，对于视听障群体而言，却有着天然的隔阂，在影视“观看”层面，视听障群体存在诸多的不便。

这一现状的存在与当前国家层面倡导的“全面建成小康社会，残疾人一个也不能少”的战略实施并不相符。因为小康社会不仅是经济小康，而且还要是文化小康。经济小康需要精准扶贫，文化小康也需要精准扶弱。文化是改善残障群体民生的重要组成部分，也是文化小康建设的重要内容。文化小康的建设不仅仅是文化的繁荣发展，更需要建立精准视野下的特殊群体文化满足的关照机制。文化小康的建设应该是残障群体与普通群体共享文化建设发展改革红利的过程，这也有赖于公共文化体系均等化的深入建设。然而，以视听为主要手段的影视艺术恰好与视听障群体在视觉和听觉方面的生理缺陷形成尖锐的矛盾。要实现视听障群体与普通群体文化满足的均等机会，显然，在影视艺术的传播方面需要打通和建设无障碍通道。于是，无障碍电影的出现成为消解特殊生理条件与影视艺术本体属性尖锐矛盾的有效承载。

无障碍电影是通过口述影像、手语、字幕等无障碍手段在电影作品中的添加来辅助视听障群体更好地理解叙述内容、体味影像艺术魅力的特殊的电影艺术样式。它可以将电影作品中的视觉和听觉元素转化为盲人和聋人可以接收的信息，帮助他们欣赏电影内容，享受电影艺术魅力。当前，无障碍电影的发展已形成良好的势头，在生产规模、社会关注、版权支持等方面均取得了明显进步。在一定程度上而言，无障碍电影更具包容性，在视听障群体影视文化服务满足体系中占有非常重要的位置，它可以容纳无障碍创作的多方面内容，形成面向以视听障群体为主的更具覆盖性和精准性的文化供给。近年来，无障碍电影在视听障群体影视文化满足方面发挥着重要的作用，而且取得了令人振奋的成绩，但是，仍然存在发展不均衡、推广局限性强、特殊受众体验度不高等现实问题，需要更为精细的文化服务均等化建设来作相应的补足。

习近平总书记指出：“无障碍设施建设问题是一个国家和社会文明的标志，我们要高度重视。”目前，中国视障群体人数已经超过 1700 万，听障群体人数已经超过2000万人。视听障人群的“观影”问题不仅关系残疾人文化建设工作的质量，也是事关残疾人权益保障，推动信息无障碍建设的重要社会问题。无障碍电影作为社会进步的重要窗口，理应在理论研究和实践创作方面得以持续深化的研究和探索，以提升残障人群文化满足的服务水平，丰富残障人群的文化生活，为文化小康社会的建设发挥有益作用，这也是本书写作的现实语境和时代背景。

二、问题的提出

当前，无障碍电影的理论研究与实践创作均取得明显的进展，呈现出较好的发展势头。但存在的一些局限性问题也应该值得警惕。综合调研已有的理论研究成果和实践创作的发展情况，仍然存在以下问题亟须深入系统研究，并做相应的梳理和厘清。

一是无障碍电影与传统的影视创作有什么区分？随着无障碍电影的不断发展以及视听障群体新的“观影”诉求，已有无障碍电影的概念能否适应现实实践的发展？经过一定阶段的发展，无障碍电影形成了哪些形态？各自又有着怎样的特征？经过近20年的发展，无障碍电影的历程脉络又形成了怎样的演进特征？这些都需要较为清晰、系统的梳理、总结和辨析，最终形成具有一定学术性的学理界定，而这些都有待通过理论的梳理进一步探寻和完善。

二是在已有的研究成果中，无障碍电影所涉及的传播、叙事、语言等层面的讨论是不是就能够对无障碍电影的学理逻辑形成具有阐释力的理论印证？比如，对于视障群体而言，作为无障碍电影重要叙事和传播手段的口述影像，所涉及的影像符号转化为言语符号的问题是通过怎样的原理形成合理性的印证？对于听障群体而言，通过手语和字幕的添加来弥合听觉障碍的叙事断痕具有怎样的心理机制？在已有的成果中，显然没有对视听障群体的生理特征与无障碍电影之间传播的可及性的基础进行论证，无障碍电影有着怎样的机制能够对视听障群体形成具有可及性的传播？显然，单是传播学、叙事学、语言学等知识无法清晰阐述，在两者之间，心理认知层面的解读至今缺位。

第二节 研究价值

一、理论意义

本书对无障碍电影从理论建构与实践应用两个方面进行阐释，具化为概念内涵、本体特征、发展历程、问题探析、归因要素解析、对策分析等基本切面，有效贯通了理论与实践的互动逻辑，形成了无障碍电影理论建构与实践应用融合并进的研究结构，有效确立了无障碍电影的身份属性，在理论上厘清了无障碍电影的内涵特征和外延边界，为现实创作实践提供了具有针对性的理论指导和原则遵循。尤其是建立了特殊受众心理认知的分析机制，有效解决了无障碍电影理论建构的逻辑断痕，进一步明晰了无障碍电影创作的有效性，进一步拓宽了无障碍电影的研究视野和理论维度。本书的相关研究在进一步完善无障碍电影理论体系的同时，还可以丰富面向视听障群体的公共文化服务均等化建设的相关文献资料，为同类型研究提供可供借鉴的理论思路和运用方法。

二、实践价值

本书的研究内容并没有单纯地拘束在理论阐发，而是着力于建立理论建构与实践应用互动的研究机制。在一定程度上而言，理论的建构都是为了更好地服务于应用实践。无论是对概念的辨析还是对问题对策的探寻与分析，都直接面向无障碍电影的创作实践。尤其是后面几个章节，分别从实证研究和策略路径等方面对无障碍电影这一特殊的文化供给方式进行深入分析和探索，进而更具实践的针对性和指导性，对于进一步明晰视听障群体的特殊心理特征以及改进无障碍电影创作的质量都具有现实的指向性，能够进一步提升残障群体影视文化服务水平，更为有效地满足视听障群体的文化需求，为政府相关职能部门和社会团体做好视听障群体文化服务均等化建设工作提供决策依据。

第三节 研究现状、述评与展望

一、研究现状

（一）国外相关研究现状

国外的无障碍电影研究主要集中在创作内容和创作技术方面。在创作内容的研究上又聚焦在影像描述（Audio Description，AD）领域。国外口述影像的研究成果最早可追溯到语言学家 Jakobson（1966）对“符际翻译”的论述，确认了口述影像视听符号转化的本体特征。之后，以 Braun（2007）、Piety（2004）、Solway（2007）为代表的学者从语料库、话语分析等视角探讨了口述影像文本的语言及结构特点；Fryer（2016）、Mazur（2020）等学者确定了口述影像文本的多模态性以及具体的类型划分。在国外学界关于无障碍电影的研究成果中，比利时学者 Aline Remael 对影像描述的研究最为系统，对口述影像的制作过程进行了详细说明，并指出脚本撰写的最大挑战就在于视觉影像转换为文字的困难。这对当前无障碍电影内容的实践具有很好的指导意义。相关成果中最有代表性的是美国学者 Joel Snyder 博士（2014），他对口述影像的历史发展、文本语言、制作传播、应用范围、教育培训等方面内容进行了系统阐释。这些成果有效解决了口述影像的本体特征、艺术本质、具体形态、内涵界定基本理论问题，为无障碍电影内容的理论建构夯实了研究基础。

在无障碍电影的创作技术层面，有学者对影像描述（Audio Description）的新型智能录音系统（Virginia P. Campos，2020）、影像描述声音合成的在场（Agnieszka Walczak，2018）、数字时代的音频描述（Sang-Bin Lee，2017）、影像描述的数据集转录（Anna Rohrbach，2017）等方面内容进行了实证研究和系统阐释。不难发现，外国学界尤其是在近些年对于影像描述的研究更多地集中在实践应用领域，尤其是智能技术带来的影响，这些对无障碍电影技术研究的发展也带来改变，由问题意识的关注开始向体验层面转向。

（二）国内相关研究现状

2005年，无障碍电影在中国开始发轫，开启了中国无障碍电影发展的新纪元。2009年，中国第一部无障碍可储存版电影《高考1977》制作并发行，开启了中国无障碍电影出版的发展历程。与无障碍电影的实践发展相比，相关理论研究相对滞后。起初的无障碍电影的研究成果形式主要集中在纸媒和网络新媒体的相关活动报道。黄一庆（2009），冯联清、李家麟（2010），谈燕、黄海华、王瑜、刘彬、吴娜（2011）主要对无障碍电影的起步和创作项目的开展情况进行报道。经过近20年的发展，国内学术界关于无障碍电影的理论建构与应用研究形成了以下几个方面的研究成果：

1. 内涵阐释

目前学界对于无障碍电影的内涵界定主要集中在无障碍电影的概念界定与完善。最初提出无障碍电影概念的文献是发表在《世界电影之窗》（2009年第5期）的《〈高考1977〉制成中国第一部“无障碍版电影”》。文章的字数较少，并不具备系统的学理性，主要是记录性质的文字。这也成为无障碍电影初期研究成果的一个缩影。最早较为系统地对无障碍电影的概念进行学理界定的是无障碍电影的发起创始人蒋鸿源先生。所谓无障碍电影也就是在影片无对白的画面上，加上对画面、人物和情节等必要的旁白解说，让视障者能“看”懂电影。同时，对影片中的旁白配上手语翻译，让听力障碍者借助手语翻译“听”懂电影，对影片原有的部分都不作任何破坏。之后，无障碍电影的概念有了更为系统、简约的界定：无障碍电影（Free-Barrier Movies）是专门为方便聋人与盲人观看的经过加工的电影。它通过重新剪辑或增补配音解说、增配字幕及手语解说等方式，让视听障碍者无障碍地感知光影世界（潘祥辉、李东晓，2013）。以后的其他学者对无障碍电影的界定基本上沿袭了开始的概念，这也在一定程度上印证了无障碍电影概念发展的成熟。值得注意的是，近年来，有学者继续对无障碍电影的概念进行了完善，认为无障碍电影是指通过在电影原片的基础上增加手语、字幕或解说，对电影的视听语言进行翻译、拆分和转化，以供视障或听障人士欣赏的电影（高晓虹、潘悦、付海钲，2020）。完善的概念对具体的无障碍手段进行了明确，对无障碍电影的视听核心要素的重要性进行了确认，与之前的研究成果汇聚，基本上解决了无障碍电影的概念问题，对于深入、系统地认知无障碍电影具有积极作用。

学界对于无障碍电影概念和内涵界定问题的解决，实际上也解决了无障碍电影的基础性理论问题，作为无障碍电影内容的重要组成部分，也成为无障碍电影理论建构发展的一个缩影。

2. 口述影像理论建构

口述影像的理论研究是当前无障碍电影理论建构的主要组成内容。需要注意的是，无障碍电影并不等同于口述影像，两者是不同的概念。口述影像是无障碍电影创作的重要手段之一，也是无障碍电影内容制作的重要方式。无障碍电影是口述影像的重要应用领域。国外学界对于无障碍电影的研究成果更多针对的是口述影像，这从侧面印证了国外对于无障碍电影的认知还存在一定的局限性。国内相关研究的前期成果受国外学界影响较多，对于无障碍电影的论述也是聚焦在口述影像领域。国内这一领域研究最为系统全面的是台湾淡水大学赵雅丽的《言语世界中的流动光影：口述影像的理论建构》，该书对口述影像的内涵进行了阐释，并对口述影像涉及的符号、再现、叙事等问题进行了系统分析，研究了视觉与言辞转换的种种问题，还通过实验研究了受众对某一类影像作品口述影像的接受程度。近年来，国内口述影像的研究呈现出标准化和实践化的走势。香港口述影像工作者黄振锐撰写的《与我同行之口述影像入门》（2018）一书从口述影像的实际操作入手，系统呈现了口述影像的实施步骤以及描述的相关规范标准；无障碍电影推动者马卫（2020）的专著《无障碍电影：向善向美之路》对口述影像脚本撰稿的标准进行了系统阐释，率先对无障碍电影的片头与片尾、细节与表现、象征与隐喻镜头、复杂场景等细节问题的口述影像呈现进行了具体技巧的标准化研究，对无障碍电影内容的创作标准化发挥了理论指导的积极作用。另外，有学者（周景，2019）以学术论文的形式对口述影像的声音体验进行了话语形象、话语主体和话语语态的理论关注；也有学者（鄢秀、罗康特，2019）回顾了口述影像的理论依据，指出了该领域在学科建设、实践及法规方面存在的不足，并展望了未来可能的发展方向。这些相关成果进一步丰富了无障碍电影的理论研究成果体系。

3. 本体特征与价值研究

无障碍电影的理论建构离不开对无障碍本体特征的关注，牵涉美学、传播学、语言学、文化学、叙事学等多维要素。近年来，学界学者围绕以上要素内容，对无障碍电影的本体特征进行了理论建构，并进行了社会学的考察。如高晓虹、潘悦、付海钲（2020）以中国传媒大学 2017 年创立的“光明影院”公益项目为创新个案，探讨无障碍电影在发展过程中所体现的人文关怀，在此基础上，确认了专为残障群体提供公益文化服务的社会价值，并从美的空间和美的想象两个方面分析了无障碍电影的审美取向，在确认无障碍电影美育价值的同时也确立了无障碍电影的审美向度；桂笑冬、高美（2023）从文本重构、修辞转换和意义生成三个方面对无障碍电影的本体特征进行了分析总结，是无障碍电影理论建构研究的重要文献资料，尤其是将心理想象机制与审美愉悦的意义进行逻辑贯通为本书的撰写提供了学理支撑和印证。朱思敏（2023）聚焦可沟通性，确定了无障碍电影作为一种媒介在信息、情感和社会层面将视障者与广泛的抽象或具象之物连接起来的传媒艺术本质，并从传播新知识、形塑新观念，到创造情感体验、建构身份认同，再到拓展视听障受众的生活空间和社交结构等方面分析了无障碍电影的社会价值，为无障碍电影的本体价值理论呈现了新的思考。作为无障碍电影内容的重要组成部分，无障碍电影本体价值的特征显现成为无障碍电影本体价值建构成立的重要基础。以上研究成为无障碍电影本体理论建构的一个缩影，初步搭建起传播学、美学、心理学等多重维度的研究框架，为深入研究无障碍电影理论建构与实践应用提供了具体的理论支撑和学理印证。

4. 无障碍电影发展历史研究

历史发展脉络的梳理是理论建构的重要内容。目前，无障碍电影的发展历程主要与无障碍电影的发展历史进行同构研究。经过诸多学者多年的持续发力，已形成较为成熟的研究成果。青年学者李东晓（2015）在其著作《听见 看见：影视媒体的无障碍传播研究》的第五章“无障碍电影及其在我国的发展”部分，对无障碍电影的发展历史与现状进行了较为细致的梳理，以具体年份的关键性事件作为重要节点，呈现出无障碍电影的历史发展脉络；中国盲文出版社青年编辑王莉（2021）富有创造性地以发展特点的视角切入，以无障碍电影的主要创作载体和传播渠道为发展阶段的划分考察基点，将无障碍电影的发展分为“以口述影像为主的初始阶段”“DVD 无障碍电影光盘、无障碍电影数字文件制作的发展阶段”“商业院线、互联网同步发展的新阶段”三个时期，进一步完善了关于无障碍电影的发展历史的梳理和研究，创新性筛选出口述影像、形态承载和传播渠道三个划分要素也具有一定的创新性，对于无障碍电影的系统认知具有积极意义。无障碍电影事业的重要推动者马卫（2022）则进行了更为系统、明晰的发展史的动态确认，他将无障碍电影的发展历程大致分为初步尝试、提高数量和扩大服务、讲究质量效率三个阶段，并进行了具体年份的划分，对每个阶段的发展特征进行了较为凝练的概括，将无障碍电影发展历史的关注视点由微观的创作手段与传播载体向宏观的阶段性发展特征转换，从整体上形成了详略得当、重点突出的历史发展脉络景观，标志着无障碍电影发展历史理论的成熟。无障碍电影发展历程的明晰成为无障碍电影发展历程的一个侧面显现，作为重要内容归属的关联，两者的同构为相关研究基础的建立创造了较为开阔的发展空间。

（三）无障碍电影的创作与传播研究

无障碍电影创作是无障碍电影产生的主要方式，也是决定其他环节品质的重要环节；无障碍电影传播是无障碍电影推广发行的主要路径，也是无障碍电影与受众之间有效沟通的纽带桥梁。实际上，无障碍电影的核心环节便是创作与传播。所以，无障碍电影理论研究的应用性最终要归置到具体的创作和传播层面。业界学者对此也开展研究并取得重要进展。

1. 无障碍电影创作研究

（1）无障碍电影的创作标准研究

马卫（2020）从“大处”与“小处”、片头与片尾、细节与表现、语言与文字、解说与对白、抒情与议论、象征与隐喻、插曲与音乐、复杂场面等方面对无障碍电影解说脚本的具体标准进行了分析，并提出加减法、“声画不同步”等具体问题的解决技巧，进一步完善了无障碍电影口述影像创作的标准化体系。王莉（2022）从片源选择、脚本撰写、播音语态定位等方面对无障碍电影的创作规范进行了深入探讨和界定，对创作实践提供了标准参考和借鉴。谷旭阳（2022）从解说主体与视听影像的关系架构和视听转换的技术流程两个方面出发，分析了无障碍电影视听转化的技术要求；同时，从艺术性角度出发，系统分析了从声音、语言到影像的阶梯构建，在此基础上总结出无障碍电影视听转换的技术制作标准和艺术创作要求，对解决无障碍电影创作实践存在的现实困境和内生障碍提出了理论参考和学理借鉴。桂笑冬、高美（2022）以“光明影院”对新主流大片的无障碍电影制作为例，深入探析无障碍电影从形式到风格的建构模式，从双重声音文本的叙事策略、镜头表意功能的言辞转述，从意义指涉到情绪体验等方面，分析了无障碍电影创作的本体特征，对于在观影中如何调动视障观众的想象与联想机制进行了深入思考，对于无障碍电影的创作标准研究提供了的新范式。

（2）无障碍电影的创作问题与对策研究

王纪言、王海龙（2020）分析了无障碍电影的创作动机与艺术价值，整体上对其创作体系形成了情节与声音两元互动的双向度建构；刘扬、黄天书、熊闫寅子（2016）认为无障碍电影的创作应关注影片的前期筛选，在文本创作上应注重蒙太奇艺术手法的体现和转译。另外，王颖（2011）、曾广昌（2012）、潘祥辉等（2013）、陈建凯（2015）、马波（2016）、王莉（2022）等学者系统总结了无障碍电影创作存在的视听创作问题，并形成共同指向：

一是口述影像的脚本写作和制作技术参差不齐；二是缺少系统化、规范化的人才队伍培训；三是视听文本内容单一、效度滞后。同时，李东晓（2013）、陆宁（2014）、Klein（2015）、夏熊飞（2018）、高晓虹等（2019）、解冬（2019）等学者又针对问题展开对策的思考，形成完善法规与政策配套、融媒体无障碍传播环境建构、“公益组织+制作数字化”创作模式、无障碍影院建设等对策建议，形成了关于无障碍电影视听创作问题与解决对策的集中探讨，对于进一步提升无障碍电影的创作质量具有重要的积极意义。

2. 无障碍电影传播研究

由于受众的特殊性，无障碍电影的传播也具有区分于传统的普通影视传播的差异性，进而成为业界学者研究的关注点。高晓虹、陈欣钢（2019）借助无障碍传播理论进行了具象的微观分析，认为无障碍电影的艺术传达，需以盲人群体日常经验和媒介使用为依据，“可复制，可传播”恰恰是在融媒体环境中的现实追求与成功实践，即进一步挖掘融合媒体与视障人群媒介使用需求深度结合的潜力，在此基础上提出融媒体环境建设与无障碍视听深度融合的无障碍电影传播质量提升进路。赵希婧（2019）则运用使用与满足理论探讨传播效果，认为受众的受教育程度以及电影的题材和讲述者对无障碍电影的观感满意度具有影响；陈泰旭、黄洪珍（2020）以传播“仪式观”的研究视角考察，认为无障碍电影传播应具备重塑自我认同、形成社会认同、构建美好现实、凝聚文化力量等重要意义；李鑫宇（2021）对口述影像传播中播讲者的实践过程与制作团队的研究过程进行探讨，进一步完善了无障碍电影的传播主体与传播内容的相关研究，对于建构完整的无障碍电影的传播体系发挥了积极的作用；沈阳阳、李娅玮（2022）则以问题意识为导向，对无障碍电影存在的传播难、传播窄、传播慢等问题进行了系统分析，并从责任主体、人才储备、传授关系等层面提出了无障碍电影传播的改进建议。以上学者的研究对无障碍电影的创作与传播质量提升具有积极的理论参考意义，成为无障碍创作内容生产和宣传推广研究的重要理论基础，进一步丰富和完善了无障碍电影理论建构与实践应用的研究体系。

（四）近年来无障碍电影研究的发展趋势

一是理论总结与实践项目互融。如高晓虹（2020）、王彦（2020）、赵希婧（2021）、沈阳阳（2022）、于江（2022）等学者结合中国传媒大学“光明影院”、上海“阳光至爱影院”“阳光院线”等创作、传播实践项目平台，对无障碍电影的制作方式、传播特征、价值建构、审美机制等方面进行了理论总结，确认了无障碍电影内容生产的精准性、深刻性和高保真性，无障碍电影传播推广方式的公益性和多渠道化，艺术审美的空间建构和想象式参与路径等基本特征，进一步强化了无障碍电影研究的针对性和客观性。二是研究视野形成心理、艺术和技术并重的格局。王纪言、王海龙（2020），桂笑冬（2023）等学者从技术性与艺术性兼顾的文本重构、影像与言语符号的修辞转换、心理想象与审美愉悦的传播接受、口述影像语态的三点定位（服务、在场、演绎感）等方面对无障碍电影内容的创作进行了深入系统的分析，促进相关研究由“文本”向“人本”转向，更加关注创作主体和传播受众的感受机制，进一步丰盈了无障碍电影研究的基本维度。徐竟涵（2022）则从具身性影像、通感式联觉和场域化空间拓展三个方面论证了视障群体对影视视听感知的可能性；聂佳（2023）从全景多维结构、听觉焦点建构与联觉参与三个层面探讨了无障碍“观影”的新渠道。以上研究立足无障碍电影内容的基本切面，贯连创作策划、创作传播推广和受众接受等多维创作要素的统合性分析，有效提升了无障碍电影内容牵引机制的研究效果，为无障碍电影理论建构奠定了重要的基础，丰盈了具体成果的价值维度。三是更加关注无障碍电影的具体视听手段。如沈渭菊、许露梅（2022）具体分析了口述影像对于影片中手势与面部表情的描述策略，形成组合式、省略式、直接化和明晰化四种方式的探讨；如何颖（2021）对面向聋哑人的影视字幕和手语翻译的叙事手段进行了详细阐释，对镜头分割、区域定位、字幕抽取、文字分割等具体方法进行了系统分析，并对手语动画、转码等具体设计的手段进行了探讨，将无障碍电影的视觉手段进行了更为具象的研究。何颖（2021）解决了聋哑人影视字幕识别和手语翻译问题；喻国明、傅海鑫（2022）论证了 AI 手语直播在听觉认知弥合发展中的未来图景，为无障碍电影手语叙事提供了更多可能；王伟喆（2022）创造性提出基于神经网络的手语到情感语音转换方法，解决了手语交流的情感化问题。以上研究强化了无障碍电影研究的技术性视角，通过对最新媒介高技术的关注，并与具体的创作实践进行了协同化研究，对障碍影视创作的创新拓展提供了富有指导意义的理论依据。四是对无障碍电影平台建设创新发展的关注。近年来，随着无障碍电影实践的发展，有学者就新媒体平台建设和数字化转型等方面进行了系统的论述，并提出具有针对性的指导意见。马波（2020）认为："无障碍电影必须主动融入时代科技发展大潮，以残障人士新的生活需求为依归，努力实现无障碍电影的数字化转型。"在系统分析的基础上，他从升级内容生产方式、创新创作传播形式、创新运营服务模式三个方面提出了具体的发展建议，对于无障碍电影的创新发展研究提供了宝贵的理论资料。马波（2020）就无障碍电影平台建设进行了系统阐述，建议推出无障碍电影 APP，并从组建专门的运营团队、影视资源引进、平台宣传推广、精准投送与互动、增进客户体验等方面提出了建议。赵学良（2022）则从"会聚各专业人才、成立专业工作室""建立专家队伍、推出系列大型丛书""整合技术力量、打造专业化数字平台""拓展产品新业态拍摄通用手语情景微剧""创新竞赛模式、打造知识竞赛品牌影响力""连通数据资源、构建专业的数据资源库"等方面对推进无障碍融合创作的创新路径进行了探讨。对于无障碍电影的数字化转型和融合化发展的研究态势夯实了无障碍电影理论建构的时效性，对于具体的理论更新与实践发展的对应性具有积极作用。五是无障碍电影版权的深入系统性探讨。近年来，诸多学者聚焦无障碍电影版权问题，并根据实际情况，以著作权修订为研究切入点，对相应问题的对策提供了分析理路。李军（2020）充分借鉴了域外法关于无障碍电影版权的经验，主张我国应该将影视作品归于无障碍作品版权限制作品的类型中，进而扩大无障碍电影版权限制的种类；在无障碍电影的发行过程中，应该将无障碍电影与普通影视剧作品的市场进行区分隔离，从而平衡视障者和版权人的利益。王东昆（2021）则从图书馆的视角建议将无障碍电影列为法定的无障碍格式版，对影视剧作品和表演权、翻译权等予以限制，赋予图书馆必要的修改权和技术解密权。安娜（2021）认为，相关部门应该参照《马拉喀什条约》中设置的“发展条款”，建立符合图书馆制作和传播无障碍电影需要的版权合理使用制度，赋予图书馆开展无障碍电影服务的法律地位、建立明确的电影作品版权限制与例外制度、适当扩大版权限制与例外的适用范围。诸多学者对于无障碍版权的建议为无障碍电影的来源和合理发行提供了理论建议，并针对具体的创作实践形成了具体策略的探讨，对于引起社会关注重视无障碍电影版权的授予具有积极作用，为无障碍电影的创新发展提供了学理支持，进一步丰富了无障碍电影的研究成果体系。

二、研究述评与展望

综合以上分析，不难发现国内外学者对于无障碍电影的研究已经成势，对无障碍电影的理论建构与实践研究在概念确认、口述影像、创作与传播、历史与现状、发展问题与对策等方面已经积累了一定的文献资料基础，诸多学者通过一系列成果确定了无障碍电影从感官代偿的创作逻辑到视听翻译的生产实质再到多维沟通的传播特点的完整逻辑链条，以此为理论参照，解决了无障碍电影理论建构与实践应用的部分现实问题，对本书的撰写提供了坚实的理论资料支撑。但随着视听障群体文化满足新形势发展的新需要，亟须在以下方面对前期研究进行补充：第一，无障碍电影理论的本体逻辑建构。无障碍电影既不是口述影像，也不是传统影视的简单翻译，它应该具备符合自身特点的理论内容和实践特征。在已有的研究成果中，无论是从叙事学的基点考量还是从传播学的视角思考，甚至从艺术美学的角度分析，都无法解释清楚无障碍电影理论的基本逻辑。口述影像对于影像符号的翻译、手语对于听觉符号的阐释都是让无障碍电影的创作得以成立的前提，但是，是什么让这一前提具有可操作性基础，又是什么让视听障受众能够理解影视符号转换的特殊含义，显然，除了叙事学、传播学、艺术美学外，还有基础理论视点需要继续深入探讨和确认，以进一步完善无障碍电影理论建构的基本逻辑。

第二，如何统筹视听障群体的生理和心理特点并与无障碍电影的创作实现深度融合，亟须相关研究补足。视听障群体是无障碍电影面向的主要受众，无论是生理特征还是心理维度，都是与无障碍电影的创作紧密相关的。从创作实践来看，在无障碍电影的创作过程中，视听障受众的主体地位十分弱化，至今未能建立统合创作主体、传播受众和文本与机构四重维度的共创机制，如何在理论建构与实践应用的互动过程中，对“四维一体”的共创机制予以印证并赋予全新的机制维度建构，尤其是对策路径的学理分析，这些都需要做进一步的系统深入研究。同时，要深度体现视听障群体感官代偿的生理功能机制和感知互补的心理接受特点，阐释清楚无障碍电影创作效果提升与视听障群体生理、心理功能机制和特征的内在逻辑关系。第三，理论建构与实践发展的互动性研究，尤其是观者体验视角下的无障碍电影的精准化发展需要深入化和系统化。如何将理论建构与实践应用做深入的统合并融合形成有利于无障碍电影质量提升的路径呈现，是本书重点着力的方向。基于此，本书将在已有的研究基础上，运用媒介文化、无障碍传播、艺术创作、艺术心理学、艺术传播学、电影学、特殊教育等多学科理论，进一步突破以上问题，力图确立无障碍电影理论的本体建构和实践发展的互动机制。第四，无障碍电影研究的成果体系需要进一步平衡和完善。已有研究成果对于视听障群体作为特殊创作受众的区分性并不强，一是主要将研究的视点放置在视障领域，要知道，相比视障群体而言，听障群体的无障碍电影传播接受的过程更为复杂，在具体的理论研究层面，也理应予以相应的关注。二是对于视障群体的无障碍电影的理论研究主要圈定在口述影像的理论范畴，但是对于听障受众而言，无障碍电影对于这一群体的无障碍传播手段，比如手语、字幕的研究缺乏学术成果层面的关注，在创作传播实践层面，如何提升听障受众对于无障碍电影的“观影”体验感，相关成果和建议较为匮乏，缺乏理论建构与应用对策方面的系统关注，需要做进一步的理论研究和实践探讨。

第四节 研究设想

一、研究对象

本书拟以无障碍电影为研究对象，重点研究其理论体系的建构及应用策略，并结合视听障群体的心理特征，对具体实施的路径进行设计，力图以视听障群体的心理感知特征和无障碍电影创作互动的视点来建构无障碍电影理论与实践协同的发展机制，从而进一步提升视听障群体的“观影”体验，为视听障群体的影视文化满足提供理论参考和对策启发。

二、研究思路

在文化小康社会建设逐步推进和视听障群体文化需求日益增长的背景下，课题遵循“基础理论建构—问题发现—归因分析—策略研究—对策落实设计”的研究思路，从无障碍电影的理论体系建构和应用策略研究出发，综合运用影视学、无障碍传播、心理学、美学、叙事学、特殊教育学等多学科知识，采用定性与定量相结合的研究方法，以理论与实践互动的研究视野深度关注无障碍电影的理论建构与实践应用，建立起“概念厘清—历程梳理—理论建构—应用对策与路径”的研究进路。在具体的研究过程中，建立影视心理学与视听障群体心理感知的主体地位，以此为轴心，在心理机制、问题探析、归因分析和对策思考等方面搭建较为完整的理论建构的框架，在应用实践方面，结合视听障群体心理特征的特殊性，确认素养培育提升、辅助感官刺激和创作内容标准化的三维提升路径，力图在无障碍电影研究范式上呈现具有一定独立性和创新性的借鉴参考。

三、研究方法

1. 注重定性分析与定量分析相结合

考虑到视听障群体的特殊生理条件，课题以定性研究方法为主：采用文献调研、文本分析法、归纳法，总结分析无障碍电影的概念界定和发展历程，并对相关的问题对策机制进行深入系统的探析，夯实无障碍电影理论分析的前期基础；采用参与观察法直观了解视听障群体的心理感知特征和“观影”情况；采用深度访谈法进一步了解视听障群体的“观影”体验问题；采用焦点小组法印证无障碍电影的关键问题，同时弥补其他方法的不足，验证前期研究成果，矫正研究进展。同时，适当运用定量研究，以问卷调查等方法，进行实验对比，配合定性研究，基于视听障群体心理特点对无障碍电影的观影效果进行实证调查，分析总结影像观影效果相关元素，获取一手研究材料，力图研究的客观性和全面性。

2. 注重逻辑推理与比较研究

通过对传统影视创作和无障碍电影的比较，形成两者的差异化分析，进而建构无障碍电影的本体理论基础。同时，以逻辑分析的视角综合运用影视心理学、口述影像、手语叙事、空间建构、特殊教育、无障碍传播等理论知识建立无障碍电影的理论阐析基础，从心理机制、问题探析、归因分析和对策思考等方面建立起无障碍电影的理论框架，力图通过推理建立起客观的具有说服力的学理逻辑，并综合形成逻辑分析与比较研究的互动交融。

3. 注重理论性与实践性研究

根据无障碍电影理论的建构内容，并结合视听障群体的心理感知特征，在对观影影像因素进行定性确认和定量实证的基础上，确立无障碍电影质量提升的理论策略，并对具体践行的路径进行归纳总结。在此基础上，建立通过理论指导实践和以实践来验证理论的研究机制，强化理论与实践的互动机制的形成以破解视听障群体的“观影”难题，形成无障碍电影理论与实践互动协调的研究方法体系，进而提升本书研究内容的科学性和客观性。

第五节 研究创新

一、研究思想的创新

无障碍电影不是单纯的概念提出，而是涉及理论与实践的结合，需要深入发现问题、分析问题和解决问题的能力介入。本书在注重现实实际的前提下，着力于学理分析与实践践行相结合，既体现理论研究的学理性和逻辑性，也注重应用设计的针对性和贴近性，力图呈现具有一定理论价值和实践意义的研究样本，在书稿的撰写上力求精细性、学理性、针对性和可操作性，着力提升无障碍电影理论研究的实践指导价值。在此基础上，实现从理论建构到实践应用的深入研究，完善无障碍电影的理论维度与实践应用策略，探索理论与实践互动的弱势群体文化服务研究范式。

二、研究内容的创新

无障碍电影是影视艺术研究的新兴内容，虽然起步较晚，关注面也有一定局限，但是具有重要的研究价值和社会效益，能够体现出鲜明的时代特点，以视听障群体为基本面向的无障碍电影研究不仅可以进一步丰盈影视艺术的内涵维度，也为新时代残障群体文化满足工作的高质量发展提供创新路径的支撑。

在已有研究成果的基础上，本书力图建立相对独立的无障碍电影研究的内容体系，并在部分领域进行补足性研究。比如：对无障碍电影的概念进行辨析，确立理论与实践互动的分析机制，力图增强无障碍电影概念界定的实践适应性；对无障碍电影的发展历程进行梳理，建立层次清晰的系统性的历史进路，进而能够从整体上概览无障碍电影的发展风貌；建立无障碍电影研究的心理学视点，以此来完善视听障碍与视听艺术之间的矛盾冲突的逻辑印证；从心理机制、问题探寻、归因分析、对策思考建立无障碍电影理论的建构框架，力图形成较为全面的分析；实现理论建构与应用实践的良性互动，结合理论层面的分析设计实践创作的提升路径，让无障碍电影的理论研究更具针对性和实效性，也能够为相关职能部门的管理决策和创作单位的实践探索提供理论参考和学理借鉴。

三、研究视点的创新

与以往对无障碍电影的研究成果不同，本书将研究的视点放置在心理学领域，尤其是以认知心理机制为主要着力点，形成艺术学、传播学与心理学的深度交叉，进一步拓宽了无障碍电影的研究视野。以往对无障碍电影的研究虽然形成了符号转换与再现的基本理论阐释，但是，对受众与转换之间的学理逻辑并没有进行进一步的分析，无论是符号转换还是叙事再现，归根结底还要归置在视听障群体作为受众对无障碍电影的感知层面。然而，视听障碍的生理特征使其对视听艺术的体味形成了矛盾，那么，是怎样的机制解决了这一矛盾让无障碍成为可能呢？显然，心理感知是必要的路径，无论是对于视障群体还是听障群体，心理感知机制都是无障碍电影与他们实现可及性沟通的必然路径，再具体阐释，就是心理认知层面的感官代偿、联觉等心理规律为无障碍电影的传播提供了可能，也形成了具有一定说服力的理论基础。由此，以心理视角切入深入系统地研究无障碍电影显然具有科学性，而且也能从根本上讲清楚视听障群体“看”电影的可能性和可行性，讲清楚无障碍电影的身份归属和具体实施的可操作性。于是，以心理学建构无障碍电影的理论框架具有显性的积极意义。一方面，心理学理论知识的介入弥合了以往关于无障碍电影研究的学理逻辑论述的断痕，为无障碍电影的理论建构与实践应用贯通学理基础，实现了理论阐释的合理性；另一方面，心理学理论知识的介入丰富了无障碍电影研究的学术视野和成果体系，对于具体的研究实践也是一次具有创新意义的探讨，能够为理论与实践的互动提供创新空间。

四、研究观点的创新

通过定性与定量相结合的深入研究，本书对于无障碍电影形成了以下具有创新性的观点：

第一，无障碍电影在遵从影视艺术规律的基础上应该有符合自身特点的本体性理论建构，在传播学、叙事学、语言学等基础性理论的支撑下，理应纳入心理学理论领域的相关知识，进而完善无障碍电影研究的理论成果体系。

第二，无障碍电影与传统的影视创作不同，由于面向受众的生理特殊性带来整个创作环节方方面面的变化，于是，它应该具有相对独立的本体属性，包括心理机制、美学特征、叙事特色和传播特点等，都应该具有符合自身实际情况的特色，并需要做相应的学理厘清和理论归纳。

第三，无障碍电影的理论与实践互动应以特殊受众为核心，并以此为牵引重构无障碍电影的内容、策划、平台和反馈机制。由此，无障碍电影经过多年来的发展，在创作实践层面上应该实现由介入性向体验性的创作效果转向，尤其是在无障碍电影的体验性提升层面，应该建立起完善的创作策划精准可及机制、创作内容联觉代偿机制、创作平台数智转型机制、创作作品多维衍生机制和受众接受素养培育机制，在完善机制的基础上，形成具有创新性的实施路径，建立起从创作主体到创作内容和创作推广再到受众反馈的逻辑理路，进一步完善无障碍电影理论的逻辑体系和实践进路。

第四，无障碍辅助应该回归视听障群体的心理感知特征，在空间感、运动觉、触觉等层面形成外化刺激，辅助提升受众的“观影”体验。同时，以空间场景等电影元素为中心，梳理不同场景空间的呈现规律和讲述标准，辅助视听障受众的电影欣赏素养提升，以传播培养理论的介入丰盈视听障受众的“观影”经验积累，进一步提升他们的“观影”感知体验，力争提升无障碍电影的审美共情能力。

五、研究方法创新

第一，采用定性研究方法为主，兼顾定量研究，在有效揭示视听障群体的“观影”心理进而建构更具针对性的策略的同时，也能够通过定量研究方法，补足定性研究所无法设计的数据的客观印证，进而建立受众特殊视点下的无障碍电影的全面性和系统性的分析机制。定性与定量研究方法的结合，可以兼顾无障碍电影的宏观和微观因素的统合，形成逻辑严谨、结构合理的研究体系。

第二，适度引入内容分析、比较归纳、逻辑推理等其他研究方法，形成多维度交叉的方法互融，建立无障碍电影理论建构与实践应用良好互动的研究方法体系，并实施深度访谈的方法完成理论验证的环节，矫正定量研究所无法设计的观影属性和状态，进而形成较为系统、全面的研究方法的框架建构。

电影母本的依赖性较强，尤其是尽量保持“原汁原味”的创作要求，让无障碍电影的无障碍化改造具有一定的限制。所以，在具体形态上，无障碍电影与普通电影的区分是“添加式”的区分，主要通过添加口述影像、手语和字幕对于影像的符号转化和翻译来实现无障碍化的处理，以便于视听障受众更好地理解电影内容。所以，对于无障碍电影的形态认知一方面要看到它的独立性，经过“添加式”无障碍改造的影片并不适合普通观众观看，由于普通观众并不存在视觉和听觉障碍，口述影像等无障碍手段反而有些重复和多余；另一方面，也要看到无障碍电影的依附性，在情节建构、影像拍摄、镜头剪辑等方面，发挥空间较小，基本上沿用的都是普通电影的内容和形式，而不具备明显的重构性，更多体现的是翻译性的辅助功能。

回顾无障碍电影创作之初的电影形态，经过近 20 年的发展，无障碍电影的形态一直处于变动之中，由此，也带来概念内涵和外延的更新和变革。而面向未来进路，无障碍电影的形态变动性依然具有较大的可能。所以，在概念的界定上，一定要充分考虑这种变动性，从而在概念的表述上留有可变动的余地和可改进的空间，由此形成理念概念界定的现实实践适应性。

二、无障碍电影概念界定的回溯概览

关于无障碍电影的概念认知，学界和业界诸多专家、学者提出了自己的见解，对深入理解无障碍电影的概念形成了可供参考的借鉴和启示，具体概览如下：

作为中国无障碍电影的发起创始人，蒋鸿源先生最早对无障碍电影的概念进行了界定。他认为：“所谓无障碍电影也就是在影片无对白的画面上，加上对画面、人物和情节等必要的旁白解说，让视障者借助这些旁白解说，能‘看’懂电影，同时，对影片中的旁白配上手语翻译，让听力障碍者借助手语翻译‘听’懂电影，对影片原有的部分都不作任何破坏。”① 这一阐释对于建

① 曾广昌：《无障碍电影在发展》，《电影评介》2012 年第 9 期，第 26—27 页。

构无障碍电影的概念具有积极作用，对比国外偏重无障碍电影口述影像服务的局限性，进一步完善了手语、字幕等面向听障群体的无障碍改造维度。除了概念界定，蒋鸿源先生还从程序的角度对无障碍电影的制作流程进行了界定：旁白解说词编写、配音、录制、手语翻译、拍摄、合成、刻盘。这为后来无障碍电影的边界划分奠定了理论基础。

作为中国无障碍传播重要研究力量的青年学者潘祥辉和李东晓对无障碍电影的概念较早提出自己的理解，他们（2013）认为，无障碍电影是专门为方便聋人与盲人观看的经过加工的电影。它通过重新剪辑或增补配音解说、增配字幕及手语解说等方式，让视听障碍者无障碍地感知光影世界。① 这一概念的界定将无障碍电影的受众、无障碍辅助的手段和价值指向进一步精准化，方便人们从狭义上理解无障碍电影的内涵，为无障碍电影的实践创作解决了基本的理论问题。这一概念明确了无障碍电影的电影艺术本质属性，但并没有将无障碍电影和普通电影的区分进一步明晰化，在一定程度上忽略了无障碍电影是在普通电影的基础之上进行改造的特点。

马波认为：无障碍电影，顾名思义，就是针对观看电影有障碍的群体而言，让视听残障人士也能“看”电影，是通过增加解说、字幕和手语等方式，经技术合成，制作成供聋哑人和盲人观赏的电影。② 这一概念确认了无障碍电影受众的功能障碍特征，同时，突出了无障碍电影的技术性要素，对于无障碍电影的辅助手段进行了较为明晰的界定，形成了受众定位、创作方式、价值指向、文本建构等较为完备的要素体系。但是，这一概念对于电影艺术的视听艺术实质触及并不强烈，在无障碍可及性辅助手段的描述上仍然没有突破已有概念的局限性。

作为无障碍电影口述影像发展的重要奠基人，马卫先生撰写的《无障碍电影：向善向美之路》一书成为中国无障碍电影研究重要的代表性作品。其

---

① 潘祥辉、李东晓：《绘声绘色：中国无障碍电影的发展现状及展望》，《浙江学刊》2013年第4期，第188页。

② 马波：《浅议无障碍电影》，《当代电视》2016年第5期，第110页。

中，对于无障碍电影口述影像脚本撰稿的理论与实践进行了富有见地的创造性阐释，对无障碍电影的创作实践提供了具有针对性和指导性的理论总结和智慧支持。他对无障碍电影也有自己的见解，认为："所谓无障碍电影就是在电影放映时，由解说人员利用电影对白、旁白的间隙，对影片的画面、人物、情节，以及内涵进行描述解说，帮助盲人们扫除障碍，欣赏电影艺术。"① 这一概念确立了口述影像作为无障碍电影创作主要手段的重要地位，对于视障人士作为无障碍电影受众的定位也进行了界定，对于口述影像的具体操作方式也进行了简约的呈现。但是，这一概念的局限性也非常明显，他对于口述影像的聚焦在一定程度上忽略了听障受众的视点，对手语和字幕的忽略也在一定程度上局限了无障碍电影辅助手段的延展性。对应到具体的实践，这一概念可以作为无障碍电影的局部性呈现，而不能从整体上呈现无障碍电影的概貌。

作为无障碍电影文化品牌"光明影院"的发起人、中国传媒大学传播学部部长、中国传媒大学新闻传播学部部长高晓虹教授在实践探索的基础上对无障碍电影的概念作出了新的界定，她认为："无障碍电影，一般是指通过在电影原片的基础上增加手语、字幕或解说，对电影的视听语言进行翻译、拆分和转化，以供视障或听障人士欣赏的电影。"② 这一概念确认了无障碍电影的视听艺术特质，并且对口述影像等无障碍手段的行为特征进行了具化，对于翻译、拆分和转化的具体技法的确认让无障碍电影的创作更为直观化，视听语言内核要素的提炼也更具无障碍电影的本体化特征，与之前的研究成果汇聚，基本上解决了无障碍电影的概念问题，对于深入、系统地认知无障碍电影具有积极作用。但是，这一概念在无障碍手段的界定上仍有局限性，一方面，忽略了新媒体技术的融入以及由此带来的体验性的关注；另一方面，困束了无障碍电影无障碍手段的拓展空间，对具体的创作实践的指导容易形

---

① 马卫：《有爱，就没有障碍》，《文汇报》2019 年 10 月 27 日，第 4 版。

② 高晓虹、潘悦、付海钲：《无障碍电影的社会价值与审美取向》，《中国新闻传播研究》2020 年第 5 期，第 5 页。

成局限性。

王莉认为：无障碍电影是专门为了方便残障人士观看，经过加工的电影节目。它是在原创电影基础上对剧情、人物、画面等添加必要的旁白解说、字幕、手语，帮助视障者理解电影情节，让视障者“看”得懂电影，让听力障碍者“听”得懂电影。① 这一概念的界定对于科学认知无障碍电影的内涵具有两个方面的贡献：一是确定了无障碍电影的服务对象和基本的无障碍辅助手段，对于深入把握无障碍电影的本体特征具有积极意义；二是确认了无障碍电影的价值指向，对照电影艺术视听的主要手段，架连起视听障群体与电影艺术之间的价值落点和功用逻辑。但是，这一概念也存在一定的问题需要注意：一是将无障碍电影归置在电影节目的定位有待商榷，而且也形成了宾语指向的语义重复；二是原创电影的提法也有理解层面的歧义，实际上，无障碍电影是在普通电影的母本的基础上加一些辅助手段，原片中的情节结构、人物塑造、空间场景和中心思想并不做改变，体现原创性的是无障碍手段阐释和转化的创造性而不是原片具有怎样的创新性，这是需要厘清的基本问题。

李鑫宇认为：“无障碍电影是指专供视力障碍朋友和听力障碍朋友所制作的影片。针对视力障碍朋友来说，电影影片需要经过对原片的重新剪辑与大量的配音、叙述及解说，让视力障碍的朋友完整了解电影影片中的故事情节，并从电影中获得观影的乐趣；针对听力障碍朋友，影片通过增配特殊字幕的方式，以及通过目前现有的技术手段，使影院的座椅进行震动和调整，让听力障碍朋友更加直接地感受电影故事中的音响和音效效果。”② 这一概念界定的重要作用在于它确认了视听障群体作为无障碍电影受众的地位，并对无障碍电影的基本形态、具体的无障碍手段进行了说明，并引入相应的概念，让概念的界定更为具体，为无障碍电影的概念体系建构进一步丰富了理论内容。但是，就概念界定而言，这一研究缺乏应有的凝练性，虽然概念包

① 王莉：《中国无障碍电影发展特点与瓶颈探析》，《新闻研究导刊》2021 年第 12 期，第 215 页。

② 李鑫宇：《用耳朵“看”电影——无障碍电影的发展及口述影像传播的实践与研究》，《科技传播》2021 年第 13 期，第 117 页。

含了无障碍电影的基本要素，但是，对于口述影像、手语翻译和字幕添加的已经固定的无障碍专有名词的忽略让这一概念在具体的阐述上缺乏专业性和简约性。

三、无障碍电影的界定原则与概念确认

1. 无障碍电影的界定原则

由于无障碍电影的面向受众具有生理条件的特殊性，所以，关于具体概念的确认也需要建立符合特殊受众特点的界定原则，应遵循一些基本的规律和规则。

（1）逻辑性原则

从定义逻辑的建构过程考量，已有的无障碍电影概念的界定虽然有着被定义项、下定义项和定义联项的清晰呈现，但从定义方法的视角来看，下定义项的种差和邻近的属概念明显缺乏具体的界定。很显然，已有的无障碍电影的概念在种差的建构呈现上重点标注的是“解说、翻译以及具体方式”，然而，由“方式+方式”的框架建立是否真能架构起无障碍电影的概念呢？显然解说和翻译是无障碍电影进行无障碍化改造的主要方式，而口述影像和手语、字幕也是无障碍化改造的具体方式，两者之间不仅没有形成定义种差的建构，反而形成了定义内容的重复。所以，笔者认为，对于无障碍电影的概念界定不能简单地将种差的元素构成仅仅拘束在解说和翻译的方式上，应该考虑无障碍化的核心元素地位，如果没有无障碍改造的连接，无论是口述影像、手语还是字幕，都不会有具体的价值指向和叙事意义。况且，无障碍电影的发展在实践层面一直处在变动之中，随着数智化新技术的发展，无障碍电影的创作理念、形态、方式、手段、技巧都具有较大的变化空间，如何从整体性视角来界定无障碍电影的内涵并包容未来的变化空间，这是科学界定好无障碍电影概念的重要思路之一。

（2）适应性原则

概念的界定与内涵的确认应该与现实情况和创作实践紧密关联，所以，无障碍电影的概念界定要具有一定的涵盖性和指向性。一方面，无障碍电影

的概念要根据实践创作的发展凝练出相应的规律，进而为具体创作和特殊受众的认知提供相应的理论依据。无障碍电影概念的涵盖性也正在于此，既然是规律性的总结，自然具有针对不同情况的适应性；另一方面，无障碍电影的概念还要与实践创作深度呼应，也就是说，无障碍电影的概念界定要具有精准的现实指向性。无障碍电影目前已经在包含美国、英国、中国等多个国家拓展，并形成具有不同国别特色的创作景观。比如，无障碍电影的名称是中国的特有称谓，在西方国家都称之为口述影像服务。不难发现，中国的无障碍电影起步较晚，但是，内容的涵盖性更为广泛，不仅包含口述影像服务，还有添加手语和字幕的面向听障受众的相关服务，这与国外对于无障碍电影的认知显然更为丰富。由此，无障碍电影的概念界定理应具有适应不同国别和涵盖多样特色的指向性功能。比如，在具体的定义阐述中，对于具体的手段不应该局限于口述影像、手语和字幕三种基本手段，应该充分考量无障碍电影发展的未来性以及不同国家对于无障碍电影认知和创作的区分性，应该以无障碍手段和方式作更具简约性和包容性的概括，并加置“等”的延伸进行相应的拓展，规避理论概念的约定与现实创作的实践会形成的违逆冲突。由此，在界定无障碍电影概念的过程中，还要充分考虑不同国家的具体情况，并作相对开放性的界定和确认。

无障碍电影的概念界定在横向上要面向不同的国别的实际情况；在纵向上，它还需面向现实实践创作的变动发展，力争具有一定的延展空间。近年来，无障碍电影的创作取得了长足的进步，无论是数量还是质量，均有较大的进步和提升，进而也呈现出越发复杂的类型景观。随着视听障受众的影视文化需求日益提升以及公共文化服务体系均等化建设的客观需要，无障碍电影无论是受众定位、传播方式还是文本创新，都面临着不断变化的发展形势，这在一定程度上影响了无障碍电影的概念认定。也就是说，无障碍电影的概念界定要适应现实发展的需要，将无障碍电影最新的发展变化予以凝练体现并进行可包容性涵盖。比如，无障碍电影的创作形态由开始的现场解说版开始转向为可供储存的数字媒介版，口述影像的加入更像是对传统的普通电影进行二次加工，至于未来是否会有新的形态出现都是未知概念。但是，在具体的定义确认层面，要考虑到这种未来的不确定性以及具体创作实践的可能性，在词句的运用上需要通约性概括，而不是具体性说明，由此延伸无障碍电影的概念指向的包容性和涵盖性。

（3）要素性原则

无障碍电影的核心要素是无障碍，无障碍作为一种理念产生于20世纪50年代，用来倡导身心残障者应享有平等、便捷的生活权益。这一理念最早由丹麦人卞麦克逊（N. E. Bank-Mikkelsen）提出的正常化原则（Normalization）发展而来，即指每一个身心障碍者都应该尽可能地与所属文化中的正常人一起受教育和生活，将正常化原则运用于实践当中便是主张人类生活环境的建设应对身心残障者“无障碍”。① 后来，相关学者对无障碍的定义进行了更为精准的界定：无障碍是指功能障碍者与其他人在平等基础上能够享用向公众开放或提供的设施、服务、信息、产品等。② 无障碍概念的明晰也为无障碍电影的概念确认了基本指向，一是无障碍电影要注重公众性的均等化，要突出功能障碍者与普通观众观影的平等权利的实现，这就决定了无障碍电影在于通过可区分的辅助手段弥合不同群体观影层面的差距，所以，无障碍电影均等化的实现更具有弥合性特征。二是无障碍电影要注重辅助性配套的建设，硬件层面主要包含新技术和基础设施；软件层面包括非物质辅助手段的建立，比如，口述影像、手语和字幕的添加等。三是无障碍电影的开放性和包容性。无障碍电影并不是一个封闭的独立个体，它具有多维交叉的开放性特征，由于它指向的是以视听觉为代表的功能障碍，所涉及的领域并不单一，牵涉无障碍管理、传播、文化、心理、艺术、语言、符号等众多要素，这些要素精准对应的是障碍群体的便利性和公共服务的均等性，由此，无障碍电影的包容性极具涵盖的张力。

---

① 李东晓、[丹麦] 皮特·奥拉夫·鲁姆斯：《媒体包容性：概念、模型及实现——以视听媒体为例》，《中国传媒报告》2014年第2期，第7页。

② 王阳、孙计领、陈功：《无障碍的概念和相关问题研究》，《人口与发展》2023年第4期，第143页。

综上，无障碍理念对应到无障碍电影进一步丰盈了自身的内涵，根据学理的分析与现实实践的对应，无障碍电影所体现出的无障碍要素包括均等性、弥合性、辅助性、开放性和包容性等基本内涵，进而为无障碍电影的理论分析和创作应用呈现了可供借鉴的理念要素，为无障碍电影的概念界定确立了基本的学理向度。

视听艺术要素是无障碍电影的第二重要素。视听是电影艺术的本体性要素，也是体现电影艺术独立性的重要支撑。作为电影艺术的特色形式，无障碍电影在艺术本质上并没有与传统的普通电影相违背，而是通过无障碍手段的辅助尽力弥合视听障群体生理障碍带来的视听不便。无论是口述影像、手语还是字幕的添加，实际上从未离开视听的范畴，所不同的是，口述影像是通过影像符号的转化以听觉通道弥合视障受众在观看方面的不足；手语和字幕通过字符和动作的叙事性以视觉通道来弥合听障受众在收听方面的不足。不同的只是运用方式和具体手段，相同的根本诉求还在于满足受众对于电影的视听需要，这是无障碍电影的概念界定所无可规避的根本性命题。所以，无障碍电影的概念界定不仅要体现出电影艺术的视听本质，还应该将无障碍手段之于视听艺术的指向性阐释清晰，直观呈现无障碍电影受众的特殊性、无障碍的辅助性、视听艺术的转化性以及归属于电影的本真性，进而为具体的实践创作提供理论指导和学理支持。

特殊受众是无障碍电影的第三重要素，也是无障碍电影与传统的普通电影最主要的区分。目前，无障碍电影的受众主要以视听障人士为主，在具体的创作过程中，主要通过口述影像、手语、字幕等无障碍手段来弥合这一特殊群体因为视听觉的障碍对“观影”带来的阻碍与不便。但是，从无障碍的广义范围来讲，无障碍电影的受众并不局限在视听障群体的范围之内，比如，不同国别的电影因为语言障碍进行了字幕翻译，这也是典型的无障碍电影，但是，其面向的受众并不只是视听障人士，没有生理功能障碍的普通观众可以也是受众。与此相印证的是，当前无障碍传播的研究也并非只局限在视听障等弱势群体的范畴，在外语文化研究领域，诸多学者关注跨文化语言的无障碍传播，显然，这一层面的无障碍传播并不只是面向弱势群体。由此，无障碍电影的概念界定不仅要提炼核心元素，明晰主要特点，而且还要具有一定的涵盖性和包容性，具有较好的延展向度。这就需要将概念界定的思维进一步系统化和全面化，形成广义概念和狭义概念之分。

2. 无障碍电影的概念确认

显然，无障碍电影的概念应该统筹好无障碍作为基本理念，功能障碍群体作为精准受众，无障碍视听辅助手段作为牵引主线的概念元素的协调统一和意义联动。由此，对于具体的概念界定需要进行广义和狭义的划分。广义的无障碍电影是指通过口述影像、手语、字幕等无障碍辅助手段在电影原片上的介入以弥合因为语言、文化、生理功能等障碍形成的理解鸿沟，以实现可及性传播的电影形式。无障碍电影广义概念的界定补足了除视听障群体以外的受众领域的覆盖，尤其是对当前无障碍跨文化传播的热点进行了观照，让无障碍电影的定义指向更具科学性和合理性。狭义的无障碍电影是指对电影原片进行可及性的二次改造以便于视听残障群体“观赏”的电影形式，具体是通过口述影像、手语、字幕以及 4D、VR 等新媒介体验技术的无障碍手段实现电影艺术对视听残障受众的可及性传播。本书所论述的无障碍电影是指狭义上的无障碍电影，有着精准的受众定位，牵涉艺术学、美学、叙事学、传播学等多学科知识，由此带来包括创作逻辑、审美特征、叙事特色、传播特点等方面的差异，形成了无障碍电影理论建构的基本框架和应用创作的基本视点，在此予以说明。

四、无障碍电影的身份归属

1. 无障碍电影的身份特征

在理论上清晰界定无障碍电影的身份归属具有重要意义。一方面，有利于无障碍电影理论体系的完整建构，在学理层面让无障碍电影的理论基础更为扎实，确立无障碍电影的艺术身份和学理归属；另一方面，厘清无障碍电影的身份归属对于实践创作的精准认知也具有积极的作用，深入、系统地理解无障碍电影的身份归属，可以突破现实实践发展的瓶颈和束缚，增强无障碍电影实践创新发展的可拓展性。

通过对无障碍电影概念的梳理和厘清，有以下基本的身份信息可以确认：一是无障碍电影与影视艺术有着紧密的关联，又有一些学科的区分。第一，无障碍电影具备影视艺术的基本特点和主要特征，因为相关的影视作品是无障碍电影的主要来源。所以，无障碍电影与影视艺术并不冲突，在一定程度上而言，它也可以归属在影视艺术的范畴之内进行研究。虽然，无障碍电影具有一定的独特性，但是其艺术的审美本质还是视听艺术。它的基本形态是在最大限度地保留影视剧原片情节结构和基本内容的基础上，针对特殊受众视听觉障碍的生理现实进行补足性解释和辅助观看，从这一角度考察，无障碍电影是添加了辅助性举措的影视艺术作品，是更具精准性特征和服务性特色的影视艺术类型，但是，这一类型主要依附的是传统的普通影视作品，并不会对其中的主体思想、人物塑造和情节发展进行重构，从这一视角审视，无障碍电影的独立性并不强，更具独立性意义是它在影视剧原版的基础上进行的无障碍方式的改造。对于影视艺术指向内容与形式的基本特点，无障碍电影显然有着更为宽泛的指向，除了创作内容的艺术学特征，创作策划、平台建设与宣传推广则更具有传播学的特点。相比较传统的普通电影，无障碍电影的学科范畴更为广泛，除了艺术审美的要求，无障碍电影的传播学属性也很鲜明，它还要在更为广泛的流程环节思考无障碍电影与特殊受众之间的有效沟通，甚至达到基于共情审美基础上的可体验感的强化，这显然比传统的影视文本具有更宽泛的学科融入，进而形成无障碍电影与常规影视艺术之间的差别性。第二，无障碍电影与影视艺术是既具有叠合性也具有一定区分性的关系。无障碍电影借助了电影母本的大部分资源，保留了传统的普通电影艺术的本体特征，更像是对传统的普通电影作品的一种扩大性传播。所以，两者在本质的艺术内涵上是具有一致性的。但是，这并不妨碍两者之间的区分性的存在。这主要由无障碍电影的基本流程和主要环节所决定，传统的普通电影作品是无障碍电影的重要来源，但是，两者之间并不能画等号，无障碍电影具有更为宽广的涵盖，除了创作内容，还有基于视听障受众创作策划、创作平台、传播推广、无障碍电影衍生等其他环节，这些与传统的影视艺术具有一定的关联，但是，并不具有紧密的叠合之处。所以，两者之间具有部分内容的一致，比如影视艺术的文本内容，包含情节、表演、镜头等基本要素；但是，两者具有更大的不同，尤其是在无障碍辅助方式的添加和视听障受众的定位方面，显然具有明显的区分性。在受众信息的反馈层面，无障碍电影的理论建构要更为复杂，涉及创作主体、创作机构、影视制作单位、公益社团、文化部门、影视文本等多方面内容，所以，在叙事、美学、传播、创作、社会学等逻辑层面，无障碍电影与传统的电影艺术相比较，存在鲜明的区分性，无障碍电影的扩展性和延展度更为明显。

二是无障碍电影的独特性在于针对普通电影艺术文本所体现出的更多流程环节的补足性、辅助性和可及性特征。尤其是其复制性和可储存性的特征，无障碍电影更加强调作品的传播属性，或者说方式技能性特征更加明显。但是，无障碍电影的编辑主体化和改造推广与传统电影相比要更具差异性特征，进而形成两者的区分性。第一，在叙事和传播层面，无障碍电影要更加关照特殊受众视听觉障碍的生理特征，对相应的盲区进行补足性解释，以此弥合因为生理障碍带来的电影视听艺术传达的断痕。第二，无障碍电影承担着协助性功能。一方面，它是艺术作品的流程范式；另一方面，它还承担着帮助更多特殊群体体味影视艺术的责任，这就要求在硬性的设施和软性的创作理念上精准定位，并予以具有亲和性的相应配套和无障碍环境建设。第三，无障碍电影更加关注可及性，它主要解决的不是范围视点的普及率的问题，而是更关注无障碍电影对于视听障受众的切合情况、利用效率、服务供给的时空问题，这决定了无障碍电影的身份是公共文化服务体系均等化建设的重要一环，也是普惠性非基本文化产品供给的重要组成部分，对于新时代视听障群体的影视文化服务质量的提升具有重要意义。

2. 无障碍电影的学理归属

无障碍电影的学理归属具有一定的特殊性。作为重要组成部分和核心环节的创作内容应该归置在大艺术学科的影视艺术领域，它具有影视艺术的本体特征和编辑规律。但是，无障碍电影又具有传播学的属性，创作策划、平台建设、传播推广、受众反馈等传播要素面向的是视听障特殊受众，从学科属性的归属来看，它又具有鲜明的传播学学科特征。所以，对应学科交叉发展的新形势，并不应该忽略无障碍电影融合化的学科综合性特征。以艺术学学科为基础，又关联传播学、文学、社会学、管理学、心理学等多学科知识，由此凸显出无障碍电影在学理层面的学科交叉性特征。虽然无障碍电影在内容来源上归属于影视艺术的范畴，但是，它又具有鲜明的学科交叉特征，无障碍涉及社会学、传播学、文化学、管理学、情报信息学等多学科内容；视听障受众涉及特殊教育学、心理学等学科内容；文本内容与理论分析涉及艺术学、美学、语言学、符号学、叙事学等多学科内容。不难发现，无障碍电影以艺术作为考察基点，涉及的确是多学科、多领域、多行业的内容，这也决定了它的学理身份归属的复杂性，需要以全面、系统性的思维综合研判，辩证考察。

所以，进行无障碍电影的理论建构与创作应用的研究，应该建议以影视艺术为主线，综合无障碍传播、心理认知、特殊教育、符号心理学、叙事学等多学科知识，建立综合分析的理论框架，力图形成有点有面、点面结合的学理分析机制，着力解决无障碍电影的理论基础、创作逻辑、心理认知、创作应用等根本性问题，为无障碍电影面向视听障受众进一步优化和提升服务质量提供理论参考和学术支持。

第二节 无障碍电影的本体特征

无障碍电影主要针对视听障人群，传播受众的不同决定了它与普通电影鲜明的区分性。与普通电影相比，无障碍电影的特殊性在于视听障受众需要通过不同的符号转化来完成对电影艺术的心理认知。这是它与普通电影最主要的区分，主要由特殊受众特别的生理功能条件所决定。无障碍电影这一重要特殊性的确认实际上也形成了本体特征的双重内涵。

一、符号依托与多维转换

无障碍电影对于生理功能障碍的克服主要依托不同符号的转换。对于功能障碍的盲区，无障碍的处理主要还是符号之间的转化。比如，对于视障受众而言，他们面对电影无法直观感触影像的视觉符号。无障碍电影在处理这一问题时主要采取口述影像的手段，即将视障受众无法感知的画面信息转化成语言符号，通过口头的语言文字的描述借助视障群体较强的听觉能力完成对视觉信息障碍的补足，这是影像符号与语言符号相互转化的过程；同样，对于听障受众而言，他们面对电影无法体味声音的艺术魅力，对于影片中的听觉信息形成了传播接受的遮蔽。无障碍电影在克服这一问题时主要采取的处理方式是手语翻译和字幕添加，对于听障受众而言，这两种方式的本质在于将听觉符号转化为视觉符号，借助听障群众对视觉元素的敏感实现了可理解的传播效果，这是视觉符号与听觉符号之间的转化。除了视觉符号和听觉符号的转化，其他知觉形式也可以与视听觉形成通感式转化共情。比如，为了增强特殊受众的“观影”体验，可以积极配套相关辅助设施对视障受众进行触觉、嗅觉和味觉的刺激，比如电影中出现薰衣草的画面时可以在“观影”现场喷洒薰衣草的香味；比如电影中出现刮风下雨的场面时可以在“观影”现场利用电子设备进行吹风和喷水滴。这些辅助性的措施都是利用知觉代偿性互补的原理，力求带给特殊受众更为切身的体验。

显然，残障群体知觉功能的障碍让他们的“观影”只能依赖其他知觉的刺激来完成对电影艺术的心理认知。这个过程并不简单，而是涉及诸多生理功能和心理感知的要素，尤其是视觉、听觉、触觉、嗅觉和味觉基于身体功能的感官代偿原理，可以形成知觉符号的代偿性转换，进而通过强大的他觉能力完成对较弱知觉能力的弥补。这比之普通电影而言，主要增加了一项转化的程序，由此形成了它与普通电影的鲜明区分，在具体的符号转化过程中，又牵涉生理学、心理学、美学、叙事学、传播学等多学科知识，建构起无障碍电影独具特色的本体艺术特征。

二、认知关联与可及实现

与普通电影不同，无障碍电影的传播过程更加注重心理的感知和可及性效果的实现，这主要是考虑无障碍受众生理条件的特殊性，即身体功能的障碍性。在视觉障碍和听觉障碍的语境下，无障碍电影的传播方式以及传播效果显然要比普通电影更加关注可及性的完成。可及性（accessibility）理论源于西方学术界，最早由美国学者 Anderson 提出并主要应用于公共卫生服务。[①] 2014 年，吴理财教授首先将可及性概念引入公共文化服务领域，赋予“4A”框架公共文化服务的特色，提出可获得性、可接近性、可接受性和可适应性的测评框架。[②] 这一框架的确认为无障碍电影的传播可及性确立了基本要素。第一，可获得性是无障碍电影可及性的基础。当前，无障碍电影的发展与资源分布并不平衡，以北京、上海为代表的先进发达城市的无障碍电影资源较为丰富，不仅有专门的无障碍影院（厅），而且志愿者、科教资源、影片来源、公益活动等资源丰富，特殊受众能够较为便利地获得“观看”无障碍电影的资源；但是，对中小城市而言，无障碍电影的资源汇聚并不乐观，公共

---

① 庄西真：《从遥不可及到触手可及——“可及性学习型社会”的概念、价值与测评维度》，《职教通讯》2019 年第 9 期，第 15—21 页。

② 吴理财：《构建县域现代公共文化服务体系要注重可及性》，《中国乡村发现》2014 年第 3 期，第 66 页。

文化服务水平本身就不完善，对于小众化定位的无障碍电影而言更是难以企及，并不具备常态化的资源供给能力。所以，对比普通电影的普及化形成的普通受众可获得性的简易，无障碍电影可及性对于可获得性的要求与普通电影显然有所区分。第二，在可接近性层面，由于普通电影的受众具有大众化特征，并能够形成市场经济的刺激与循环，所以，结合城市的商业、文化设置的布置，基本上能够形成可企及的文化生活圈。对于普通大众而言，观看一场电影并不是一件难事，反而是日常生活中触手可及的文化行为。但是，无障碍电影的受众特殊性在可接近性上与普通电影形成了区分，无论是交通成本、时间成本还是经济成本，对于特殊弱势群体都并不具备贴近性。以视听障群体为例，生理障碍让他们的出行多有不便，在时间成本的消耗方面也比普通观众更多，在价格接受方面也与普通观众不同，由于收入具有价格差，在无障碍电影的观看层面这个群体的大部分人更倾向于公益活动。显然，在可接近性方面，无障碍电影与普通电影的现状不同，属性不同，具体的要求也不同。第三，在可适应性层面，普通电影由于市场经济的刺激，供给侧对于受众的反应非常敏感，考虑到票房的号召力，电影制作机构在选题策划阶段就会进行充分的市场调研，由此内容的供给对于受众定位而言更具精准性；而无障碍电影不同，由于它的创作生产主要是对普通电影成品进行辅助性的二次加工，所以，创作生产的前端和终端并不会考量内容对于特殊受众的契合性，而且，由于版权的束缚，对于一些最新热播影片的更新也并不及时，这些因素造成了当前无障碍电影的内容供给并不精准，对特殊受众的实际需求与普通电影的灵活性相比也并不能够形成细致的对应。第四，可接受性层面，由于特殊受众具有生理层面的障碍，尤其是视听障受众，视觉和知觉的障碍与电影视听艺术的本体特征具有尖锐的矛盾冲突，与普通电影能够带给观众直接的刺激相比较，无障碍电影要经过符号转换对特殊受众的“观影”进行辅助，比如，口述影像是针对视障受众的无障碍辅助方式，手语翻译和字幕添加是针对听障受众的无障碍辅助方式，这与普通电影有着鲜明的区别，普通观众在视听艺术的直观性方面并不存在障碍，所以，在观看过程中，并不需要可获得性的方式辅助，“观影”的过程反而更加集中、纯粹。由此，在传播接受层面便形成了可体验性与可沟通性的新问题。与普通观众相比较，特殊受众能够共情并实现“观影”的愉悦快感乃至惊喜期待的满足成为无障碍电影传播效果的评估标准，但就目前无障碍电影的发展程度而言，显然与普通电影可接受性相比较，依然任重道远。

无障碍电影可及性的特征确认有效区分了传统的普通电影的普及性特征，无障碍电影关注的不是“分布范围、普及率，而是重点考察其切合情况、利用率、服务距离和时间”。① 因为对于生理条件具有特殊性的残障受众而言，小众化的群体特征使其并不注重范围推广和普及推进，反而更注重需求的针对性以及精准化的满足。

也就是说，对比大范围的推广，无障碍电影更关注特殊受众的接受效果和反馈，这恰恰与特殊受众“观影”心理认知能否实现可获得性、可接近性、可适应性和可接受性紧密相关，这个过程必然又涉及感官代偿、感触注意、联想想象等区分于普通受众的“观影”要素，就是对比普通群体因为理解障碍所要进行的弥合性的符号转化也要进行代偿性的辅助与完善，这与普通电影有着明显的不同。值得注意的是，在这一层面无障碍电影的发展并不充分甚至非常弱势，已经成为制约其高质量发展的薄弱环节。所以，探讨无障碍电影认知可及的本体特征具有重要意义。在新时代公共文化服务建设向“寻求质量突破”转型的关键期，关注特殊群体是否实实在在地享受到公平、可及的文化服务，是新时代背景下的新要求，而可及性的凸显恰恰是对特殊受众切实获得电影艺术体验的尊重，在普惠性非基本供给和特殊受众弹性需求之间寻得新的平衡。

---

① 姜亦炜、晏志鑫、朱崟：《城郊村公共文化服务可及性的类型学研究——基于浙江省 H 市的多个案分析》，《中国农村研究》2019 年第 1 期，第 209—232 页。

第二章　无障碍电影的发展历程[①]

第一节　国内无障碍电影发展阶段划分的依据

一、现实基础

无障碍电影的阶段划分是建立在其发展现实语境下的历时性梳理。从2005年无障碍电影在中国发轫，至今已有近20年的时间跨度，这为无障碍电影的发展阶段的划分提供了坚实的时间层面的基础条件。在一定容量的时间涵盖中，无障碍电影的发展逐步成熟，并在以下几个方面形成递进性的嬗变特征，为无障碍电影发展历程的阶段性界定提供了实践基础和现实依据。一是无障碍电影的创作形态。在作品形态层面，无障碍电影实现了从开始的现场解说到后来的DVD复刻再到现在的数字化转存的嬗变；在内容形态层面，由开始面向视障群体的口述影像到后来面向听障群体的手语翻译和字幕添加，无障碍电影的创作内容形态一直呈现出变化态势。这些变化体现在不同的时

① 由于我国香港地区、台湾地区和澳门地区的发展体制和管理方式与内地有所不同，在无障碍电影发展上具有不同的语境，发展进程的具体资料梳理也存在一定的差异性。所以，本章节在国内无障碍电影的发展历程的梳理上主要针对内地区域，有利于分阶段划分以及把握不同阶段的发展特点，本书中所探讨的无障碍电影也主要针对中国内地。

间段并呈现出富有一定规律性的聚集，从而形成阶段性划分的现实基础。二是无障碍电影的传播平台。近20年时间内，无障碍电影的传播平台由开始的面对面的解说翻译到后来的线下放映设备再到现在的线上网络平台，无障碍电影的传播载体呈现出具有嬗变性的平台更新和拓展化态势，这些变化与媒介发展变化的语境是相一致的，也形成了阶段性划分的外在逻辑基础。三是无障碍电影的质量标准。从开始具有一定自发性的现场解说到后来经过一定经验积累的专业化脚本撰写，无障碍电影的口述影像的创作越发精准规范，同时，对于手语翻译和字幕的添加也进行了一定程度的约定，这些变化都印证着无障碍电影创作日渐标准化的发展趋向。与此相对应的是，无障碍电影创作的配套政策和法律依据都在不断完善，在版权困束的难题上也在不断实现新的突破，为无障碍电影的标准化创作提供配套化保障，也形成了无障碍电影不同阶段的发展风貌与特点，为三个阶段的划分提供了现实发展的基础依据。

二、理论依据

无障碍电影发展阶段的划分有着坚实的理论基础和学理支撑。作为无障碍传播的重要代表性产品，无障碍电影具有艺术作品和传播产品的双重属性。

首先，无障碍电影是具有审美情感的艺术作品，既有来源于社会生活的真实再现，又有体现创作者主观情感的艺术表现，与所处的时代和文艺思潮有着紧密的关联。由此，无障碍电影的发展与时代脉动和思潮涌动是同频共振的，一方面，它体现着时代的旋律和审美取向；另一方面，它又受到社会经济发展的制约以及媒介技术的影响，无论从创作主体、制作理念、产品形态、传播渠道都一直处于变动之中并体现出不同时期的特点，由此形成时间性阶段的划分脉络，形成本体理论层面发展阶段确定的学理基础。

其次，无障碍电影由于受众的特殊性又决定了它还是传播产品，要依赖于无障碍辅助手段实现有效传播。而无障碍手段既可以具有共时性也可以具有历时性，在具体的发展进程层面也是不一而足，尤其是与媒介载体和技术的发展紧密关联。比如口述影像、手语翻译、听障字幕，它们并不是在同一阶段出现，而是与当时的受众需求和创作语境紧密关联，无障碍手段发展程度的不同也让具体的无障碍电影具有不同的特点，进而形成一定时间范围内的共性与不同时间范围内的差异性，形成了阶段性划分的本体性依据。

三、划分阶段的说明

综合以上所述，笔者对国内无障碍电影发展阶段的界定大致划分为三个阶段。第一阶段为初始化阶段（2005—2010 年），第二阶段为拓展化阶段（2010—2017 年），第三阶段为标准化阶段（2017 年至今）。三个阶段完整地勾勒出无障碍电影的发展脉络，并大致呈现出无障碍电影演进的内在逻辑和发展风貌。三个阶段之间相辅相成，相互照应。初始化阶段是无障碍电影发展的基础性阶段，现场解说式基本形态的建立为无障碍电影后续的发展嬗变确立了主要的发展动线，也确定了无障碍电影基本的艺术特征。拓展化阶段是初始化阶段的自然延伸，是无障碍电影发展的必然规律。以现场解说的基本形态为基点，无障碍电影开始在创作主体、创作内容、传播渠道、作品形式、无障碍辅助手段等方面呈现出开拓趋势，无论是数量还是质量都有所提升。当然，这与政府职能部门和社会公益力量的支持和帮助是相辅相成的。尤其是一系列以政府职能部门牵头设置的无障碍电影公益推广项目成为无障碍电影拓展化阶段主要的助推力量。标准化阶段是初始化阶段和拓展化阶段的必然升级，经过一定周期的积累和探索，无障碍电影必然朝向规范化和统一化发展，标准化阶段的呈现代表着无障碍电影创作的成熟，这一阶段的发展成果实际上是对前面两个发展阶段的传承式总结，正是初始化和拓展化阶段的探索，无障碍电影形成具有一定标准性的制度规范、创作规范和传播规范，共同形成无障碍电影发展的标准化体系，对于无障碍电影的创新发展具有重要意义。

综上，三个发展阶段之间存在着紧密的逻辑关联，蕴含着无障碍电影发展的普遍性规律和创新性特点。三个发展阶段的划分呈现了无障碍电影发展历程的概貌，对于深入系统地认识无障碍电影具有积极意义。在此基础上，对无障碍电影的理论建构与应用也形成了基础性的资料参考，为深入探析无障碍电影的发展律动提供了历史发展视角的策略启发与路径呈现。

第二节　初始化阶段（2005—2008 年）：现场翻译的演变与探索

在可供查询的资料范围内，中国的无障碍电影最早发轫于北京。2005 年 7 月，致力于残疾人公益事业的王伟力、郑晓洁夫妇在北京市红丹丹视障文化服务中心创办了中国第一个专门为盲人讲述电影的民间电影院“心目影院”。① 这个位于北京鼓楼西大街的一个四合院里的影院是中国第一所盲人影院。虽然设备非常简陋，只有一台液晶电视、一台 DVD 和一些折叠椅，但每次的放映活动都座无虚席。影院主要采取现场解说的方式，通过语言描述电影中的画面信息部分，以弥补视觉障碍带来的信息缺失，王小丫、崔永元、欧阳夏丹、林依轮等文化娱乐名人都曾来担任过志愿讲解员，央视对影院的相关事迹也进行了报道。

2007 年上海也有类似尝试，在闵行江川街道出现了为盲人讲电影的志愿者的身影。②

这一年，从“社区盲人讲电影”开始，上海无障碍电影迈出关键的第一步。上海电影集团的蒋鸿源先生是上海无障碍电影的第一位撰稿人，退休科技馆文物考古工作者王世杰先生是上海第一位解说员，他们为无障碍电影的发展做出了重要的贡献。

自 2008 年起，上海有多家影院开设“无障碍电影专场”，并且组成了一支由撰稿人、广播电视主持人、高校学生等在内的志愿者队伍，为视障观众提供电影的解说词编写和现场解说服务。这种以志愿者投入“人工现场解说”的方式被视为无障碍电影服务的 1.0 版本，也是无障碍电影发展初始化阶段

---

① 王莉：《中国无障碍电影发展特点与瓶颈探析》，《新闻研究导刊》2021 年第 22 期，第 216 页。

② 马亚会：《无障碍电影再造光影童话》，《劳动报》（文体版）2020 年 12 月 14 日，第 12 版。

创作的主要形式，为无障碍电影发展阶段的划分提供了现实依据。

北京和上海在无障碍电影发展方面的探索经验给其他城市带来了启发，深圳、天津、南京、长沙、成都、沈阳、南通等地也开始尝试举办无障碍观影活动。

笔者将这一周期划分为一个独立的发展阶段，主要是考虑无障碍电影发展初期的形态特征。由于媒介技术和社会经济发展的客观原因，这一阶段的无障碍电影的形态主要是现场解说，并没有形成 DVD 格式的存储产品。由于无障碍电影的创作主要依托个人公益行为，所以，创作的自发性难以形成较大的创作规模。在区域分布上，相关的创作资源分布并不均衡，主要集中在北京、上海等大城市；在具体的发起主体上也主要以民间公益人士为主，缺乏具有推广性和覆盖性的抓手项目。这一阶段的无障碍电影现场解说的形式主要是面向视障人士，对于听障人士的关注明显不足，在一定程度上也束缚了无障碍电影的创作形态。所以，这一阶段无障碍电影的发展呈现的是自发性、初始化、公益性和不均衡性的基本特征。但是，这一阶段对于无障碍电影的发展具有重要意义，它奠定了无障碍电影发展的基本轮廓，在口述影像的创作方面取得了较大的进展，尤其是北京和上海的一些开创性的项目与活动，对无障碍电影后期的发展产生了较大的影响，也夯实了无障碍电影在国内发展的坚实基础，是研究无障碍电影不可忽略的重要发展阶段。

第三节 拓展化阶段（2009—2017年）：数量与创作形式的提升与延展

2009年4月23日，上海市残联、上海图书馆和上海电影评论学会联合成立了全国首个无障碍电影工作室。工作室借助上海电影译制片厂、美术电影制片厂等影视机构的社会资源，编制7部国内外新上映影片，添加了口述影像和字幕，并制成多媒体光盘，通过本市公共图书馆向残疾人提供免费借阅服务，同时定量发放给各区县残联和特殊学校，惠及更多的残疾人。其中推出的《高考1977》无障碍版本被认为是中国首部无障碍电影，① 这一认定的主要考量在于无障碍电影的产品形式以及制作流程的相对规范化。相比于初始化阶段现场解说的形式，无障碍电影工作室实现了多媒体光盘形式的突破。从传统的电影创作与发行层面考察，显然，工作室推出的电影无障碍版本更具有规范性，有利于进一步复制和推广。通过影视机构的授权，工作室创作的无障碍版本的电影实现了版权授予的规范化，通过公共化的渠道可以实现更大规模的视听障群体的覆盖。比之初始化阶段无障碍电影创作的自发性和民间性特点，这一阶段的无障碍电影的创作更具有程序化、规范化和推广化特征。

2011年5月28日，由新闻出版总署主办，上海市新闻出版局承办，上海永乐股份有限公司、上海电影音像出版社、黑龙江残疾人联合会协办的国家“十二五”重大音像出版工程“中国无障碍电影项目”启动暨捐赠仪式在哈尔滨举行。这是无障碍电影发展史上具有显著意义的重大工程。一方面，这标志着无障碍电影的事业发展开始纳入国家层面的视野；另一方面，资金和政策的有效保障为无障碍电影的创作提供了有力助推，全国如上海无障碍电

---

① 黄一庆：《〈高考1977〉制成中国第一部“无障碍版电影”》，《世界电影之窗》2009年第5期，第135页。

影项目等入选原国家新闻出版总署“十二五”重大音像出版骨干工程项目，为各地无障碍电影的快速发展注入了新动能。

2012 年，由上海东方广播中心与上海市残联共同主办的“无障碍电影”公益放映正式开启，上海国泰电影院挂牌成为上海市第一家“无障碍电影院”，上海市残联率先推出全国首个无障碍电影专场，开创了在商业影院播放无障碍电影的先河。

2012 年 5 月，黑龙江省哈尔滨市在首届残疾人文化艺术节期间播放的无障碍电影增加了“手语窗”（在画面的右下角添加手语解说词）。与以往无障碍电影以口述影像为主不同的是，它开始实现了手语翻译与口述影像并重的创作模式，不仅将无障碍电影的受众定位拓宽至听障群体，而且对于进一步完善无障碍电影的概念界定发挥了积极作用。

2012 年 7 月 18 日，原国家广电总局所属的中国电影科研所、中国电影艺术研究中心、电影频道节目中心和电影数字节目中心联合，在中国盲文图书馆启动了“口述影像，文化助盲”公益活动，成为无障碍电影发展公益活动的代表性项目。

2013 年，上海市残联与上海广播电视台广播新闻中心合作，设立“无障碍电影日”，一支由专业播音员、主持人参加的无障碍电影解说志愿者队伍为无障碍电影事业的发展注入新力量。目前，上海市 16 个区都有定点影院，每月同步放映解说一部无障碍电影。

2013 年，“举办无障碍电影日活动”被正式写入《上海市实施〈中华人民共和国残疾人保障法〉办法》，标志着无障碍电影支持活动被纳入城市法规建设的框架之中。

2014 年，无障碍电影项目还被列入“上海市政府要完成的与人民生活密切相关的实事项目”，标志着无障碍电影发展被纳入政务建设的常规项目范围。

2016 年，在上海市残联的支持下，韩颖创办了光影之声团队，会聚了上海甚至全国各地、各行各业的志愿者，他们创作无障碍电影解说词超过 400

万字，制作无障碍电影300多部，并努力推动更多无障碍电影进入社区、进入线上和网络空间，成为无障碍电影创作民间力量的代表性团队。

2017年年底，我国首个以高校师生为志愿者主体的无障碍电影公益项目——“光明影院”创立。该项目由中国传媒大学与北京歌华有线、东方嘉影联合推出。目前，师生志愿者已制作完成416部无障碍电影，实现了在全国31个省（区、市）以及澳门特别行政区的公益放映和推广，覆盖了全国2244所特殊教育学校，先后被北京国际电影节、中国长春电影节等列为固定放映单元。“光明影院”项目的实施标志着高校资源正式参与无障碍电影事业的发展，进一步完善了无障碍电影创作主体的阵容力量，无障碍电影创作呈现出专业化、学院派的趋势。

通过以时间序列为主线的无障碍电影重要发展节点的梳理，这一阶段无障碍电影的发展主要呈现出拓展化的特征，具体表现如下：

一是作品形态的拓展。这一阶段，无障碍电影的创作形态突破了以往现场解说的模式，出现了DVD等制作形态，有利于无障碍电影的存储和推广传播，作品形态进一步丰富。

二是创作手段的拓展。除了口述影像，这一阶段还出现了面向听障受众的手语翻译和听障字幕，进一步丰富了无障碍电影创作的辅助手段体系，有效提升了无障碍电影的传播力与表现力。

三是传播方式的拓展。这一阶段，无障碍电影除了传承了初始化阶段面对面的现场传播方式，还开拓出多媒体传播、定点定向传播等多种方式，进一步扩大了无障碍电影的受众范围，有利于进一步提升无障碍电影的传播力与覆盖面。

四是创作主体的拓展。无障碍电影在初始化阶段主要以民间自发性的爱心人士为主，在这一阶段，无障碍电影的创作主体的职业范围不断扩大，包括专业主持人、播音员、影视编导、后期编辑、高校师生在内的专业力量开始加入无障碍电影的创作阵营，进一步提升了无障碍电影创作的专业性。

五是创作模式的拓展。在这一阶段，无障碍电影创作探索出“政府职能部门+文化事业单位+志愿者团体+影视机构+高校师生”的创作模式，并形成“盲协—盲校—图书馆—社区—院线”的公益推广之路，进一步丰富了无障碍电影的创作模式，有效提升了创作质量。

六是受众定位的拓展。这一阶段无障碍电影由以往的面向视障群体为主开始转向以面向视听障群体为主，受众面进一步扩大，无障碍电影的社会功能的服务性进一步增强，体现出较强的社会公益效益。

第四节　标准化阶段（2017 年至今）：平台建设与质效提升的双向并奏

这一阶段，无障碍电影发展的典型特征是标准化，具体体现在以下几个方面：

第一，无障碍电影发展政策有据可依。2020 年 11 月 11 日，第十三届全国人民代表大会常务委员会第二十三次会议通过《全国人民代表大会常务委员会关于修改〈中华人民共和国著作权法〉的决定》，对《中华人民共和国著作权法》（以下简称《著作权法》）进行第三次修正，规定以阅读障碍者能够感知的无障碍方式向其提供已经发表的作品，可以不经著作权人许可，不向其支付报酬。

2021 年 10 月 23 日，全国人大常委会批准《马拉喀什条约》（全称是《关于为盲人、视力障碍者或其他印刷品阅读障碍者获得已出版作品提供便利的马拉喀什条约》）。2022 年 2 月 5 日，中国向世界知识产权组织交存了条约批准书。2022 年 5 月 5 日，《马拉喀什条约》对中国正式生效，为我国无障碍影视制作与传播创设了更为广阔的空间。

2022 年 8 月 1 日，国家版权局印发《以无障碍方式向阅读障碍者提供作品暂行规定》（以下简称《暂行规定》），《暂行规定》将在一定期限内规范以无障碍方式向阅读障碍者提供作品的版权秩序，同时积累更多的实践经验，把《著作权法》和《马拉喀什条约》对阅读障碍者的支持落到实处。

2022 年 9 月 16 日，由中宣部（国家版权局）和中国残联主办的《马拉喀什条约》落地实施推进会在北京举行。

2022 年全国两会期间，导演贾樟柯作为全国人大代表提出《关于发展我国无障碍电影事业的议案》，并呼吁社会各界对导演群体权利主张、对残疾人享受电影的理解和认同。

不难发现，随着《马拉喀什条约》在中国的落地，相应的配套措施也在逐步出台。无障碍电影创作的政策与法律依据也在逐步完善，在一定程度上反映出无障碍电影的制度机制逐步标准化的发展态势。

第二，无障碍电影创作的逐步规范化。在相应的制度和机制配套日益完善的背景下，无障碍电影的创作开始呈现出专业化、品牌化、规模化和长效化特点，初步建构起无障碍电影创作标准化的景观。代表性的项目有北京“光明影院”（成立于 2017 年）、上海“阳光至爱影院”（成立于 2019 年）等，这些项目的共性特点有：一是创作主体具有较高的专业性。“光明影院”项目由中国传媒大学、北京歌华有线电视网络股份有限公司、东方嘉影电视院线传媒股份公司共同推出，先后有中国传媒大学 800 多名师生志愿者参与创作，学校独具特色的视听人才培养优势为无障碍电影的创作提供了坚实的专业性保障；“阳光至爱影院”项目由上海市电影发行放映行业协会联合上海电影家协会、上海电影评论学会、上海电影技术厂有限公司等专门机构成立，项目组织了一支由艺术家、技术专家等组成的专门队伍，为无障碍专用声轨、影片解说的内容创作、影院技术支持提供了专业化保障。二是创作定位具有高质化特点。“光明影院”项目发挥中国传媒大学播音与主持、视听技术与制作、影视文学与文化传播等学科专业的优势，选拔精英力量在口述影像的脚本撰写、播音语态的声景定位等方面提供了优质的资源支撑，保证了内容供给的精品化；“阳光至爱影院”项目则聚焦技术的专业性，在上海市范围内甄选出了 50 家影院作为首批“阳光至爱影院”，影院采用世界最先进技术，即在电影制作时根据影片内容制作一条旁白解说音轨，通过在影厅内安装无障碍放映设备，视障人士在观影时佩戴专属接收器即可与他人一起同步欣赏大片，享受更为丰富的观影体验。

第三，无障碍电影传播平台建设日益完善。主要表现在线下与线上平台的综合发展。线下平台主要代表案例有北京的“光明影院”项目、上海的“阳光至爱影院”项目等。“光明影院”项目主要由中国传媒大学联合相关影视制作与传播机构发起，主要为视听障群体提供线下电影“观影”服务，代

附：中国无障碍影视剧大事记

1. 2005 年北京成立第一家面向视障人群的“心目影院”，院址是在北京鼓楼大街 79 号，这也是目前学界公认的中国第一家无障碍影院。

2. 2006 年，红丹丹中心与北京人民广播电台、中央人民广播电台合作，开设电影讲述广播节目《心目影院》。

3. 2009 年 4 月 23 日，上海市残联、上海图书馆、上海电影评论学会联合成立的“无障碍电影工作室”举行揭牌仪式，标志着中国首个无障碍电影工作室正式成立。

4. 2009 年 4 月 23 日，首部无障碍电影《高考 1977》举行首映仪式，标志着可复制储存的无障碍电影版本正式开启。

5. 2009 年，在国家出版基金的支持下，中国盲文出版社开始从事中国无障碍电影音像创作工程制作。

6. 2010 年 5 月，上海电影音像出版社、中国电信股份有限公司上海分公司、上海市残疾人联合会联合创立“IPTV 无障碍电影频道”在世博园“生命阳光馆”举行开播仪式，残障人士从此可以在家中通过电视免费点播无障碍电影。

7. 2010 年上海世博会期间，“残疾人无障碍电影”作为重要成果，在世博会首次设立的残疾人展馆“生命阳光馆”展出。

8. 2011 年，上海无障碍电影项目获得国家创作基金的重点资助，入选原国家新闻出版总署“十二五”重大音像出版骨干工程项目。

9. 2011 年，中国盲文图书馆设立了口述影像馆，专职的口述影像馆员会定期为视障人士口述电影。

10. 2011 年 5 月 28 日，由新闻出版总署主办，上海市新闻出版局承办，上海永乐股份有限公司、上海电影音像出版社、黑龙江残疾人联合会协办的国家“十二五”重大音像出版工程“中国无障碍电影项目”正式启动。

11. 2012 年，原国家广电总局启动“口述影像，文化助盲”公益行动，总局所属单位捐赠 100 部电影资料，组织一大批电影工作者加入口述影像志愿者队伍。

12. 2014 年 3 月 20 日，电视剧《推拿》无障碍版全国首映式暨爱心捐赠活动在金陵图书馆内举行，无障碍版本将原版 31 集的篇幅精编为 37 集，并在南京影视频道播出，其制播方式在国产剧中尚属首次。

13. 2016 年 9 月，《马拉喀什条约》正式生效，要求各缔约方规定版权限制与例外，以保障阅读障碍者平等欣赏作品和接受教育的权利。

14. 2017 年，中国传媒大学、北京歌华有线电视网络股份有限公司、东方嘉影电视院线传媒股份公司联合发起“光明影院”无障碍电影制作与传播公益项目，被认为是中国首个以高校师生为志愿者主体的无障碍电影公益项目。

15. 2020 年 5 月 20 日，中国电视剧史上首部以手语为主要语言的电视剧《嗨友记》首播，它所面向的群体主要是聋哑人。

16. 2020 年 12 月，国内第一个线上无障碍剧场在优酷上线。

17. 2021 年 6 月 1 日，新著作权法正式实施，第 24 条第 12 款规定了以下属于版权合理使用的场景：以阅读障碍者能够感知的无障碍方式向其提供已经发表的作品——这里的“作品”并没有限定是文字作品还是视听作品。因此，中国的著作权法为在中国境内实施视听作品的无障碍使用提供了法律依据，这是对《马拉喀什条约》的巩固和进一步延伸。

18. 2022 年 5 月 5 日，《马拉喀什条约》对中国正式生效，与此相伴，我国完成《著作权法》第三次修改以及针对条约制定规范性文件，共同为在国内制作和向阅读障碍者提供无障碍视听作品提供了法律依据。

19. 2023 年 12 月 2 日，在第 32 个国际残疾人日到来之际，我国首个聚焦视障群体的年度盛典——“无障碍视听与残健融合”首届无障碍映像节在北京举行。

第三章　无障碍电影理论的逻辑起点与框架建构

第一节　心理认知：无障碍电影理论建构与实践应用的考察基点

无障碍电影理论的建构需要严谨的逻辑基础和具有可行性的学理阐释。作为视听艺术，影视与视听生理障碍有着尖锐的矛盾冲突。视听残障人士“观赏”电影原本是遥不可及的“梦想”，而无障碍电影的意义恰巧是要让这一梦想成真，并形成具有严密逻辑的理论建构和具有可操作性的实践创作。

作为前置定语，无障碍成为这一特殊文娱产品与传统普通影视的重要区分。无障碍理念强调可及性与均等化，对于影视艺术而言，需要通过口述影像、手语、字幕等手段对由视听生理障碍造成的“观影”困难进行补足性处理。这些补足性手段构成无障碍电影理论建构的实践基础，运用相关的学理性理论对实践基础的运行逻辑进行阐释，由此建构出符合无障碍电影实际情况的理论体系。在这样的语境下，是什么让视觉和听觉障碍的特殊受众实现对影视艺术的欣赏？显然，口述影像等无障碍手段和第二声道、特殊耳机等无障碍设备渠道只是表层的物质性基础，究其深入的理论逻辑，还需要回归到视听残障群体特殊的生理和心理特征，指涉及心理认知和生理功能机制两个基本层面。

对于视听障人士，心理认知与生理功能机制有着紧密的逻辑关联。心理感知的逻辑起点是生理功能机制，两者之间的内在关联在于心理层面的思维意识的产生基础是生理层面的身体器官，身体器官的功能机制特点影响着心理认知的程度和特点。视听障人士的心理认知与普通群体不同，在视觉、听觉、触觉等认知层面呈现出不均衡的状态，视障人士的听觉能力往往较为敏锐，而听障人士的视觉敏感度要更为突出，这是由于其生理层面身体的障碍造成的心理层面的认知差异。再比如，人体生理层面的身体状态往往会影响心理层面的认知，疾病的生理状态往往会对心理状态形成一定的反向刺激作用，进而形成围绕生理疾病的一系列心理认知维度的差异，包括对人生和社会的认知。所以，一些处在疾病状态的创作者灌注于艺术作品的情感和思维认知是与普通的身体状态不同的。由此，通过逻辑推理不难判断，心理感知的基础是生理层面的身体功能机制。对于视听障人士而言，与普通受众所不同的是他们的生理层面具有感官代偿的功能机制。科学研究证明，人体感官具有代偿的功能机制。也就是说，在视觉障碍的同时，听觉、触觉等其他感知觉会在一定程度上得到强化。同样，在听觉障碍的同时，视觉、触觉等感知要素也会加强。这一人体功能机制的代偿性规律形成了无障碍电影的基本逻辑，不仅可以阐释清楚无障碍电影的创作机制，而且对无障碍电影得以成立的基础性理论进行了强化，成为支撑无障碍电影理论建构的重要基础。

心理感知是一个复杂的过程，包括感官机制、注意力、记忆、语言等多个方面，是指个体对外部环境信息的接收、加工和理解过程，这个过程包括感觉、注意力、记忆、语言等多个方面，是人类认知活动的重要组成部分。

从感官机制角度看，感知是一种通过感觉器官接受外界刺激并转化为神经冲动的过程。人体的感觉器官包括眼睛、耳朵、鼻子、舌头、皮肤等，它们能够接受不同形式的刺激，比如光、电、声等，形成人体的视觉、听觉、嗅觉、味觉、触觉等感知功能。不难发现，生理层面的感官知觉与心理层面的感知具有一致的叠合性，进而形成了心理认知基础层面的逻辑序列。

从注意力角度看，感知是一种主动的认知过程，主要通过个体对注意力的调控来实现。注意力是指个体对外界环境中某些特定信息的选择性加工和集中。当个体将注意力集中到某些特定信息上时，这些信息会被更为快速地准确记忆，与此同时，其他信息的被关注度会相应弱化。因此，注意力在心理感知的过程中明显意义重要，也是受众接收信息、理解信息内容的重要环节。

从记忆角度看，感知是一种信息加工和存储的过程。感知过程中的信息会被短期记忆系统加工和暂时存储，在此基础上，这些信息会根据个体的需要被转移到长期记忆的系统中。这一过程对于个体对外界信息的学习、接收和理解都是至关重要的，记忆与注意力形成相辅相成的逻辑关系。注意力是记忆的基础性条件，记忆是注意力形成信息接收和理解的结果，两者之间呈现正比例关系，注意力越专注，记忆力越强，对信息内容的理解也就越深刻。

从语言角度看，感知是一种语言理解和表达的过程。语言包括听、说、读、写等多个层面的内容，是人类信息交流、沟通的重要方式。在语言表达和理解的过程中，个体需要将外界信息进行符号化处理，包括语法和语义等基本规律和规则。语言在感知体系中属于后端内容，是集合注意和记忆信息的凝练表达，成为个体对外信息沟通的重要渠道。

依据普通心理学的分类，心理感知是心理认知的基础部分，心理认知的过程涵盖感知觉、记忆、思维、想象、注意等各个层面的内容，是心理现象中心理过程的重要方面。显然，心理认知是心理感知更为广泛的心理过程。心理认知包含心理感知的内容，但是，又多于心理感知的具体环节。心理认知是人类最基本的心理过程，它包括感觉、知觉、记忆、想象、思维和语言等，是人的心理对外界信息的加工过程。

要进一步深入理解心理认知和心理感知的具体区分，首先要明晰感知与认知的不同。

感知即意识对内外界信息的觉察、感觉、注意、知觉的一系列过程。感知可分为感觉过程和知觉过程。感觉过程中被感觉的信息既包括有机体内部的生理状态、心理活动，也包括外部环境的存在以及存在关系信息。感觉不仅接收信息，也受到心理作用影响。知觉过程中对感觉信息进行有组织的处理，对事物存在形式进行理解认识。感知是指心理学上的认知系统，是直观的感受，更多的是一种心理体验，例如疼痛、心情、美好等。

认知，是指人们获得知识或应用知识的过程，或信息加工的过程，包括感觉、知觉、记忆、思维、想象和语言等。人脑接收外界输入的信息，经过头脑的加工处理，转换成内在的心理活动，进而支配人的行为，这个过程就是信息加工的过程，也就是认知过程。人的认知能力与人的认识过程是密切相关的，可以说认知是人的认识过程的一种产物。一般来说，人们对客观事物的感知（感觉、知觉）、思维（想象、联想、思考）等都是认识活动。认识过程是主观客观化的过程，即主观反映客观，使客观表现在主观中。

所以说，心理感知与生理功能机制紧密关联，生理功能机制是心理感知的基础，也影响着心理感知的程度和具体特征。对于视听障群体而言，虽然在视听生理层面存在一定的障碍，但是，仍然具备人体生理层面的感官代偿机制和心理认知的过程，并且，生理层面的代偿性功能机制可以补足心理层面的认知过程，进而可以实现对影视艺术内容的欣赏和理解。

由此，无障碍电影的创作有了坚实的生理和心理机制的基础，进而让具体的实践更具可操作性。无论是针对视障受众的口述影像（通过语言解释和口头描述任务表情、动作、场景、事物特征等视障者无法接收的视觉信息，满足其文化需求的一种特殊的文化服务方式，基本原理是由影像信息向言辞符号转换）还是针对听障受众的手语和字幕添加，都需要通过感官的代偿机制进行无障碍改造进而形成审美心理机制。显然，正是心理层面的感知理论对无障碍电影的生成形成了有力的印证。在视听障碍的生理层与视听表达的艺术层之间，心理感知恰好形成两者内在逻辑关联的贯通，感官代偿、视听联觉、感知想象、心理经验等心理感知层面的理论要素成为无障碍电影理论建构与实践创作的可行性基础，也成为无障碍电影理论建构的着力点。

电影艺术的再现是心理、艺术和技术三位一体化的创作过程。① 影视心理学的这一核心论点成为心理感知视域下无障碍电影理论建构的有力论据。显然，将心理认知作为无障碍电影理论建构与实践应用的研究基点是一个大胆且具有一定新意的想法。可贵之处在于在诸多无障碍电影研究成果中，这一想法弥合了心理视角下无障碍电影理论的阐释不足，虽然已有研究成果对无障碍电影的理论与创作进行了多维度阐释，但是，对无障碍电影的逻辑基点似乎都进行了有意或者无意的规避，面对视听障群体视听障碍与电影视听艺术的尖锐矛盾，无障碍电影的提法绝非忽然之向，而是有着坚实的理论逻辑印证和实践基础。那么，这一研究的焦点在于哪儿呢？是叙事学、传播学还是美学？显然，这些都不足以对无障碍电影的可行性和可操作性能够产生深刻的清晰印证。毕竟，视听障碍的生理现实与影视艺术的视听手段有着尖锐的冲突，一般意义的美学、传播学和叙事学的规律并不适应视听残障群体"观影"的特殊性。回归到受众的视角，心理路径是唯一可以对"观影"可行性和效果形成注解的有效通道，很难再有合适的领域能够形成合理的解释。从心理认知的视角切入，让给无障碍电影的研究终于找到了一个具有可行性和科学性的理论基点能够承接对无障碍电影的理论论述。

视听障群体与普通的受众不同，在视觉与听觉障碍的特殊生理的语境下，对于影视艺术的感知更多地需要心理元素的调动和参与，无论我们讨论影像符号与语言符号转换的再现还是翻译；无论我们从传播机制层面考量叙事本质和过程，这些探讨的成立都需要建立在一个更具感知性的框架之内。毕竟，视障群体对影像艺术的体味存在一定的阻隔，听障群体对于听觉艺术的感知也存在一定的空白。要通过无障碍的手段对这些盲区和默区进行一定的补足和弥合，显然更为重要的是通过视听障的心理来形成感知层面的体味接受，包括感官触觉、联想、想象等心理层面的机制内容。

视听障碍与视听艺术的尖锐矛盾无论是传播考量还是语言再现乃至符号

---

① 彭玲：《影视心理学》，上海：上海交通大学出版社 2006 年版，第 113 页。

建构，归根到底都无法忽略接受主体的“感受性”，视听障人士具备对外部环境和刺激做出反应和感觉的能力，也可以理解为感知能力或接受能力。这种能力来源于感受器官和神经系统，视障人士可以通过耳朵、鼻子、皮肤等感受到外部的听觉、嗅觉、触觉刺激，而听障人士可以通过眼睛、鼻子、皮肤等感受到外部的视觉、嗅觉、触觉刺激，然后传递给大脑进行处理和解释，从而产生情感和各种生理和心理的反应。不同个体的感受性会因为遗传、环境、个人经验等因素而有所差异。“感受性”的接入显然牵涉心理学层面的学理思考。心理学的切入角度让无障碍电影的研究呈现出豁然开朗的格局。不难发现，无障碍电影的创作与传播接受均涉及心理学层面的问题，所以，无障碍电影与心理认知具有紧密的逻辑关联，正是这一紧密的逻辑关联对无障碍电影的理论建构形成基础性意义的论证和支撑。换言之，无论是传播学、美学还是叙事学，这些理论建构的重要内容都离不开心理认知过程的解释。

由此，心理认知作为无障碍电影理论建构与创作应用的考察基点便有了现实基础和理论意义。一是心理感知理论完善了无障碍电影的创作机制，以学理分析的方式回应了无障碍电影发展过程中的一系列问题。无障碍电影主要的创作手段是在电影原片的基础上，添加口述影像、手语和字幕，这些无障碍创作手段的根本指向在于弥合视听觉的生理障碍，心理感知的感觉和知觉等内容对以上无障碍手段的可行性基础提供了生理和心理逻辑的贯通，在一定程度上而言，无障碍电影的创作正是依托于视听障群体的心理感知而得以形成感觉和知觉层面的代偿性互补，视障人士无法感触视觉信息，那么，听觉和触觉的相应强化在一定程度上对视觉障碍形成了互补，口述影像将影像符号转化为语言符号，正是基于视听觉互补的生理功能机制。所以说，人体自身的感官代偿机制诠释了无障碍电影的创作逻辑，让无障碍电影的创作更具可操作性，进而将创作主体、创作程序、创作内容、创作受众、创作平台等机制要素进行了有机性串联，从而完善了无障碍电影的工作机制。在此基础上，讲清楚无障碍电影如何规避视听觉障碍而让视听障人士较为便利地欣赏电影，维护他们的文化均等化权利。在具体创作过程中，怎么进行无障碍传播？敷设怎样的传播渠道？在无障碍创作处理的过程中，该如何统合传播受众与创作主体以及创作内容的关系？……这些问题在心理认知的视域下得以在逻辑层面明晰，在理论层面增强了无障碍电影的说服力，让相关的理论建构得以合理性的阐释，形成无障碍电影坚实的可行性基础。

二是心理认知论形成了无障碍电影的审美心理基础，让无障碍电影的美学特征确认有据可依。视听障受众对无障碍电影的欣赏离不开感知觉、情感、想象、思维、记忆、注意力等心理认知要素。情感是艺术审美特性的根本，艺术作品中饱含着创作者寄予的丰厚复杂情绪的载体，情感是激发受众对艺术作品情感体验的关键要素，这也是受众与作品实现共情审美的必要路径。共情所依托的情感具有完整的心理认知脉络，从受众的感知觉开始，需要受众通过联想和想象进而理解创作主体的思维理念，并通过对作品细节的注意和记忆，形成不同环节的协同效应，最终，激发受众对于艺术作品的情感体验，形成具有共鸣基础的共情效应。而整个创作过程最为核心的要素便是引发共情审美的创作内容。所以，对于无障碍电影和视听障受众而言，心理认知是审美共情产生的基础，以心理认知的视角考察无障碍电影的理论架构，可以夯实无障碍电影理论建构的审美基础，贯通无障碍电影创作与传播的美学逻辑，为无障碍电影独立性的美学视角提供学理依据，从而进一步完善无障碍电影的理论体系。

三是心理认知理论贯通了无障碍电影的传播逻辑，也是无障碍电影实现可及性传播的理论基础。无障碍电影的传播与传统的普通影视创作不同，最主要的是要充分考量特殊受众视听觉障碍的生理特征，由此形成心理认知路径的无障碍传播框架。在传播主体层面，要深入了解视听障人士的生理特征和心理特点，从而在创作理念上建立无障碍传播意识，在创作内容的创作机制层面，嵌入无障碍要素；在创作产品传播推广层面，不能仅局限于视觉符号和听觉符号的表达，还需要根据视听觉障碍的实际情况进行相应的转换，从而建立更符合视听障人士便捷性接受的内容创作；在创作传播渠道方面，由于视听障群体的特殊性，无论是影院、无障碍声道、助听设备还是网络平台，都无法像对待普通观众一样具有较高程度的自由性，而是出于考虑版权限制等因素，在传播渠道方面作一定的处理，比如，网络平台专门开辟的无障碍电影场会设置一定的观看门槛，比如，输入国家相关职能部门颁发的残疾人证编号，由此让传播渠道具有一定的区分性；在传播受众方面，无障碍电影具有精准的定位群体，主要是视听障人士，这与传统的普通电影的受众泛度明显不同；在传播效果评估与反馈方面，由于视听障群体的小众化特点，在效果评估和反馈方面并不完善，也缺乏相应的机制，与对普通受众的传播效果调研相比较，显然，无障碍电影的传播效果的评估与反馈还有较大的发展空间。在具体的操作过程中，视听障受众的生理和心理特点也影响着具体的评估和反馈的方式，介入无障碍元素也成为与普通受众所不同的明显区分。综上所述，视听障群体心理认知的特点影响着无障碍电影的传播模式，以心理认知的视角考察无障碍电影的传播过程，可以贯通无障碍电影可及性逻辑的基本阐释，对于无障碍电影的理论建构无疑有着重要的意义。

第二节　基于特殊受众心理认知的无障碍电影理论模型建构

与传统的电影创作所不同，无障碍电影的理论建构需要建立特殊受众的中心机制。由于传统的电影创作所面对的是生理条件无障碍限制的普通受众，所以，在作品创作与传播推广之间，创作主体与传播受众在影视创作机制中的地位可谓等量齐观，甚至是创作主体居于引导性地位。而无障碍电影的根本目的在于维护视听障人士的文化均等化权利，力图为他们更为便利地欣赏影视艺术提供更为精准的服务，与对普通受众的影视创作文化满足相比，无障碍电影首要解决的是特殊受众视听觉障碍的补足问题。所以，创作主体的思维理念需要针对视听障人士的生理和心理特征，这也决定了无障碍电影理论构建的基本维度。一方面要遵从影视艺术的基本规律，对影视语言、影像叙事、共情审美等关键要素尽量保留影视艺术的本体性特征；另一方面，需要充分关注无障碍电影的独立性，建立与传统的普通影视创作具有一定区分性的理论模型和建构框架。具体就是要立足视听障群体的心理认知特征，处理好特殊受众心理感知特点和影视本体艺术特征的关系，要阐释清楚影视艺术面向视听障受众传播的可行性理论基础、可及性手段、可体验性创作机制、可操作性实施路径。本书的理论架构也紧紧围绕以上核心问题展开，并形成无障碍电影基本理论框架的建构。

视听障群体作为特殊受众有着独特的心理认知特征和规律。在视觉信息和听觉信息的接收层面，他们普遍存在功能障碍的现象。但是，基于人体功能的“五感”机制，相应的知觉功能又能够形成代偿性的互补。比如，视障群体对于听觉信息非常敏锐，而且，由于视觉的障碍致使他们往往会通过触摸行动来做相应的补足，因而，视障群体的触觉功能也非常强大。所以，视听障群体在心理认知层面的首要特征是代偿性补足。

视听障群体的功能障碍让他们在接收影视信息的时候由于试听功能的障

碍进而形成两者之间的信息传播阻隔，这就需要外力做相应的辅助性补足措施从调研策划、内容供给、创作平台建设、宣传推广等方面进行一定辅助性的干预，帮助他们更好地理解信息内容。所以，视听障群体在心理认知层面还具有辅助性特征。

视觉障碍和听觉障碍的具体维度并不相同，对于信息的转化也各具特点，视障群体的语言能力并不因为视觉障碍受到较大影响，但是，听障群体却会因为听觉障碍让语言表达受限，语言发展能力相对滞缓。两个群体的不同生理特征让他们在接收无障碍电影信息层面具有鲜明的差异性，视障群体更倾向于声音类和触感类的无障碍电影，而听障群体则更倾向于视觉类无障碍电影。归置到无障碍电影的层面，则需要精准对应不同群体的生理特征，进行更为精细化的产品定位和供给策略。所以，视听障群体在心理认知层面还具有精细化特征。

代偿性、辅助性与精细化形成的视听障群体心理认知特征直接影响无障碍电影的要素构成和具体实践，由此形成理论框架建构的独特性，即依托创作本体的流程和环节，明晰无障碍电影与传统电影创作的具体差异，进而建构出相对独立的理论体系。由此建立以创作要素和视听障受众为基本面向的理论框架，点面结合，基本能够反映出无障碍电影的基本流程和整体风貌。

依据视听障人士的特殊生理和心理特征，需要在以下方面梳理无障碍电影在理论层面的差异性。一是作为本体观照，应该深入探析无障碍电影的概念界定和独立特点，这是无障碍电影理论建构的根本。只有确认好无障碍电影的定义内涵和理论外延，通过比较分析总结无障碍电影创作与传统的普通电影创作的差异性，才能够建立好无障碍电影理论建构的根基。也就是说，需要基于比较方式的方法建立无障碍电影理论的基本维度。当然，两者之间的对比叠合的焦点问题是无障碍电影的本体架构与受众特点双向度交织的本体特征。由此，无障碍电影理论的基本架构至少包括创作策划、创作内容、创作平台、创作推广、创作受众、创作反馈等创作理论的基本内容。在此基础上，要依据视听障受众的生理和心理的特殊性，进行各创作环节的无障碍改造，从而衍生出无障碍电影的独立特征和区分内容。二是无障碍电影的发展脉络。由于无障碍电影的发展与传统的影视发展起步时间不同，所以具体的创作发展史也有所区分。无障碍电影理论建构的重要内容之一便是建立具有自身独立特征的发展历程梳理。经过近 20 年的发展，无障碍电影的样本数量和发展轨迹已具备规律性探索的基础，在发展中探寻无障碍电影的艺术律动，本身也是对本体定义与特征的呼应和论证，也为相应的理论建构的适应性提供了现实依据。三是阐释清楚无障碍电影与视听障受众生理与心理特征的内在逻辑，明晰无障碍电影作为概念成立的可行性基础，为无障碍电影具体的实施路径贯通学理逻辑，让无障碍电影的实践进路有据可依。四是创作特色的对比性分析，与传统的普通影视创作相比，无障碍电影的内容和辅助性手段有着明显的区分，由此带来创作内容的展示视点、结构架连、表现形式等具体内容的改变。比如，口述影像、手语的添加改变了普通电影文本的基本形式和内容，无障碍化的辅助性改造是基于视听障受众特殊地位所进行的，这种改变形成无障碍电影的自身特色，也为无障碍电影理论建构的独立性夯实了基础。五是作为艺术传播活动，无障碍电影在审美层面与普通影视创作的美学特征也有所不同，特殊受众的视听觉障碍与无障碍电影的视听觉补足在美学形式上也带来艺术层面的差异性，紧紧围绕视听艺术所形成的情感、内容与形式等方面的区分性可以进一步凝练形成无障碍电影的美学特征，成为无障碍电影理论建构的重要部分。六是作为无障碍电影艺术传播延伸的后端，创作成果的衍生和推广以及效果评价纳入无障碍电影理论体系的视野。与传统的普通影视创作相比，无障碍电影在传播内容、传播主体、传播渠道、传播受众、传播效果方面均呈现出具有区分性的特点，尤其是因为特殊受众的生理条件对于可及性的多维阐释，成为无障碍电影理论建构传播层面的重要考量。七是基础理论需要与实践应用形成逻辑维度的贯通，对于无障碍电影的概念内涵、发展历程和本体特征的分析的最终落点还在于对无障碍电影实践的理论观照，由此形成无障碍电影具体实践的逻辑进路——“问题的提出—归因分析—影响要素梳理—应对策略思考”，进而形成无障碍电影理论内容建构的重要组成部分。无障碍电影实践的具体问题针对视听障受众的身心特征和功能机制。问题所涉及的本体要素本身就是对理论建构的有效支撑，无论是创作内容和形式的问题还是版权的困束，归根结底都涉及理论本身的要素蕴含。从问题归因的分析到要素逻辑序列的梳理是对创作问题的进一步解析，也是下一步对策思考的重要基础，从问题归因到影响要素再到对策，恰好建构其无障碍创作的实践体系。由此，以基础理论和实践应用为基点所形成的基本框架的脉络清晰可见，从基础理论体系到实践应用体系，恰好形成"创作策划—创作内容—创作平台—创作推广"与"问题—归因—影响要素—对策"的双向度理论体系建构的逻辑进路，进而形成了从基础理论到实践应用相对应的理论框架模型。

综上，无障碍电影理论框架的建构具有传统性、对比性和稳固性的特征，由于在具体的实践层面，无障碍电影主要依托传统的普通电影，所以，在创作的实践层面与原创性相比更注重辅助性和改造性特征的凸显。于是，在理论框架的建构上，无障碍电影仍属于影视创作理论建构的范畴，尤其是对于视听艺术、传播特点、叙事特色和美学特征的界定，运用的主要建构手段在于与传统的普通影视进行对比分析，而并没有另起炉灶，进行全新的创作。所以，无障碍电影的理论模型框架紧密围绕传统的普通影视创作的理论框架展开，形成包含概念界定、本体特征、身份归属、历史发展、创作逻辑、问题探寻、归因探析、影响要素研究和创作应用对策等传统的影视创作理论建构的基本要素，也建构出无障碍电影理论体系的基本维度。同时，在具体的问题探寻、归因探析和对策解析层面，又遵循着影视创作的传统规律，包括创作策划、创作内容、创作平台、创作推广和创作效果评估与反馈等多重要素；在此基础上，以视听障群体特殊的生理和心理认知特征作为主线牵引，串联不同的创作环节和创作要素，进而形成符合视听障特殊受众身心规律的影视创作内容供给，建构起独具本体特色的无障碍电影的理论体系。这样经过对比性分析呈现的学理框架思考基于理论分析又具有一定的学理适应性和实践指导性，由此构成了无障碍电影理论的稳固性特点，在一定周期的范畴

第四章　无障碍电影的理论与实践互动

第一节　无障碍电影理论与实践互动的价值意义

当前，无障碍电影面临着前所未有的发展机遇和挑战。一方面，新时代党和国家层面对残疾人工作的高度重视为残障群体的文化服务工作提供了政策保障和发展方向。党的二十大报告提出："完善残疾人社会保障制度和关爱服务体系，促进残疾人事业全面发展。"关爱服务体系的建构和残疾人事业的全面发展离不开精神文化生活的满足。所以，在一定意义上而言，党的二十大报告对于相关工作的指示也是赋予无障碍电影发展以政策机遇的保障。毋庸置疑，国家层面的重视能够为相关工作带来更为宽松的条件保障，同时，无障碍电影作为残障群体文化服务满足的重要组成部分，也面临着新的发展语境。与此相应和的是，媒介高技术的快速发展、影视文化事业的繁荣、视听障群体文化教育程度的提升都为无障碍电影的发展提供了新的空间，也形成了有效的支撑。国家层面的高度重视也催生了诸多公益团体力量加入无障碍电影的创作与发展，这些都为无障碍电影工作的高质量发展提供了良好的机遇。

当然，在看到无障碍电影文化服务工作良好发展机遇的同时，也应该看到无障碍电影文化服务工作所面临的挑战。站在新时代的新起点，无论是国家层面还是残障群体工作的本体层面，对具体的工作要求都有新的标准提升。在一定程度上而言，国家层面的重视也是工作要求提高的精神指示，党的二十大报告对于“促进残疾人事业全面发展”的强调实际上是对具体工作质量标准的要求提高。尤其是全面发展的提法，标志着小康社会建设不仅要建设经济小康，还要建设文化小康。经济小康需要精准扶贫，同样，文化小康也需要精准扶弱。在这样的语境下，视听障群体的文化满足工作不仅要实现可及性，还要实现精准性和多维性，最大限度地满足视听障群体的文化需求。影视文化作为公共文化服务体系中的重要组成部分，对于视听障群体的全面发展具有重要的支撑意义。当前，视听障群体对于影视文化的诉求日益提升，对具体作品的要求也呈现出多元化态势，在特殊受众的接受层面，不仅需要实现可及性，还需要实现高质量的可沟通与可体验，这些新要求为无障碍电影的创新实践提出了新的挑战。

显然，在国家重视和视听障群体实际诉求的语境中，无障碍电影的高质量发展要在实践创新层面结合国家整体的战略要求，契合视听障群体的实际诉求，在实践创新层面进行多维探索，在创作内容、形式和传播层面进行高质量提升。而这些实践需要理论研究的支撑，也需要学理逻辑进行具体实施方向的把握。在一定程度上而言，无障碍电影理论与实践的互动是新时代相关具体工作高质量发展的基本面向。实践是理论的本源，理论的价值在于指导实践。推动理论创新与实践互动相结合是无障碍电影高质量发展的重要路径。坚持理论联系实际，成为无障碍电影理论建构与实践应用的基本原则。这就要求要正确认识无障碍电影理论建构与实践应用的辩证关系，正确认知两者互动关系的重要性，具体的价值意义主要体现在以下几个方面。

一、有利于推动无障碍电影做好历史传承与创新发展

高质量发展不能故步自封，也不能一味求新，需要做好历史传承与创新发展的协同并进。无障碍电影不能脱离近二十年的历史积淀，作为特殊文化产品，无障碍电影的发展蕴含着具有先进实践性的经验积累和总结，对于具

体的实践创新必然发挥着积极的作用，能够形成有效的指导和借鉴。同样，无障碍电影也面临着新形势和新问题，问题的破解与突围单靠历史的经验无法完全解决，必然需要通过创新发展来形成相应的对策研究，这就需要在做好历史传承的基础上进行创新发展，推动无障碍电影面向视听障群体的高质量供给。

无论是历史传承还是创新发展，都需要以学理研究为基本范式，对相关的发展历程进行系统梳理并进行经验的凝练总结，对相应的创新机制进行逻辑分析并对实施策略进行富有建设性的构想。以上内容经过提炼加工可以形成具有针对性的理论总结。之所以强调“针对性”是在于这些理论总结是建立在具体实践基础之上的总结，从这个角度而言，无障碍电影理论与实践的互动具有坚实的内在逻辑，两者的相互借鉴与促进对于无障碍电影本身的质量提升具有重要意义。强化无障碍电影的理论与实践的互动，可以突出理论总结的优势，挖掘历史发展过程中的典型性经验对具体的实践形成理论性指导；同时也可以突出实践探索性的优势，展现创新动力与活力，以具体的创作实践的问题探寻与归因分析形成创新机制与实施策略的建构，反过来为相关理论的建构注入实践经验的养分，进一步强化和完善理论的现实对应性。

近年来，无障碍电影出现理论研究与创作实践二元互动的良好格局，虽然在互动的深度、力度和广度方面还存在一些问题。但是，仍然不能遮蔽学界与业界对理论与实践互动的理念认知和重视程度的进步。结合具体创作实践的发展，相关学者对无障碍电影的创作内容、平台建设、传播推广和受众反馈等内容进行了深入系统的研究，尤其是对于版权困束的探讨以及相关破解对策的构想，都体现出理论是创作实践的学理关注。与之相对应的是，无障碍电影的创作实践也在不断地改进和创新，越来越多的公益团体和创作机构开始关注无障碍电影的创作，无论是无障碍电影的数量还是质量都有极大程度的提升，这些实践进步蕴含着具有针对性的指导性经验，对其进行理论的总结反过来又进一步丰盈了无障碍电影的理论建构维度，以历史传承与创新发展协同促进理论与实践的互动进而推动无障碍电影实践的高质量发展。

二、有利于解决无障碍电影创作中的实际问题和发展困束

当前，无障碍电影在发展的过程中也存在着一些困扰性的难题。一是影视版权的困束。这是当前困扰无障碍电影高质量发展的主要困境。由于影视作品需要市场化运作进行资金投入的利润回收，在版权赠予上只能依靠公益化手段进行，这需要创作主体与影视机构达成相互认同的模式确认，无论是时间周期、具体内容还是版权的方式都无法进行常态化的约束。所以，当前无障碍电影内容的来源受限制较大，不仅片源数量有限，而且，内容的时度效也相对滞后，无法实现当前热播大片的及时跟进，版权限制是造成这一问题的重要原因。

二是无障碍电影内容的标准化问题。虽然经过业界和学界的共同努力，无障碍电影的创作标准有了极大的改善，由中国残疾人联合会、原国家广播电影电视总局联合发布《无障碍电影制作技术规范》对无障碍电影的术语定义、术语解释、技术要求等进行了统一的规范，在一定程度上促进了无障碍电影创作标准化的提升。但是，在具体实践过程中相关创作主体的遵循度不尽相同，在具体的落实上也各有差异，技术规范的制约力并没有达到预期效果，这从侧面印证出相关标准应该结合无障碍电影创作的实际和视听障受众的具体诉求进行综合调试。无障碍电影创作的全过程也应该予以标准化并与普通的影视创作进行有效的区分，目前，无障碍电影的标准化建设差距相比传统的普通电影的创作更显短板劣势，对创作流程以及各环节的界定都缺乏具体的规范性书面材料。而这些都有赖于相关的理论研究作为支撑，并通过多层次的实践探索不断进行修正，这个过程本身就是理论与实践互动的过程。

三是无障碍电影的传播推广问题。无障碍电影的传播推广具有自身的特殊性，由于视听障群体的精准定位，在具体的传播层面也有多维的复杂性。无论是传播主体、传播内容、传播渠道、传播受众和传播效果，都应该体现无障碍的特点和可及性要求，这些单纯凭借实践探索无法精准实现的规约性，还需要相关的理论研究予以凝练提升。由此从侧面也可以发现理论与实践互

动的价值意义，也是有效破解无障碍电影创作实施过程中具体难题的有效路径。理论是为了指导实践，明确方向，能够从宏观方面聚焦问题进而更好地引导具体实践的高质量发展；实践是完善理论的重要路径，也是提升理论学理思路的重要来源，一方面，实践可以有效检验理论的客观性和精准性，另一方面，实践可以拓展理论内容的内涵维度，进一步丰富相关理论成果的研究方法和研究范式。两者的有效互动能够给无障碍电影带来蓬勃的发展动能，促进无障碍电影以创新发展破解实施过程中的困境和难题。

三、有利于视听障受众与无障碍电影之间的传播沟通

无障碍电影的最终落点在于面向视听障受众的传播，进而满足他们对于影视文化的需求。从无障碍电影到视听障受众之间有着多重因素的影响，并不是一蹴而就的过程。这又涉及无障碍电影发行推广与受众接受等多维要素。这实际是一个无障碍传播的过程，无障碍电影的内容、传播渠道、传播主体、传播效果与传播受众的接受特点等，都是影响两者顺畅沟通的重要因素。这些要素之间具有紧密的逻辑关联，它们作为独立的要素又具有自身的规律和特征。要素之间的逻辑关系和规律特征的总结单纯凭借具体的实践无法进行更为深入系统的厘清，而更需要相关的理论研究进行学理归纳和总结提升。通过系统化的理论梳理和学理分析，可以有效明晰视听障受众的传播接受特点和心理认知特征，也可以进一步总结无障碍电影内容的创作规律以及如何与宣传推广等环节进行更具协同性的联动发展，通过这些尝试性的实践探索，可以进一步总结凝练形成指导理论，进而对具体的实践形成理论的参考和借鉴，避免在实践的过程中走弯路、走错路，能够为无障碍电影的实践发展提供宏观意见的指导和发展方向的把控。由此，无障碍电影理论与实践的联动实际上也是对无障碍电影与视听障受众之间的有效连接。理论与实践的相互促进能够进一步完善无障碍电影的质量体系和传播定位，进一步提升无障碍电影的传播推广力；同时，对于视听障受众的接受习惯和审美趣味的研究也可以形成更为精准的传播意见反馈，能够进一步修正创作策划、创作内容、

平台建设与传播推广的实施策略，并形成参考意见的具体调整路径，进一步提升无障碍电影面向特殊受众的传播对应性，有效调试两者之间传播不协调的问题和基本面向，融通无障碍电影的传播思路和具体的实施策略，通过理论与实践的相互借力和补足，来完善无障碍电影的内在动力机制和外在条件保障，形成内生动力与外部助力的协同化，进而有效提升无障碍电影的发展质量，提高视听障受众对无障碍电影接受的体验感和满意度。

四、有利于丰富无障碍文化供给的模式体系

“理论联系实际”是对马克思主义普遍真理同具体实践相结合原则的形象概括表述，是马克思主义最基本的原则之一。其基本精神是达到主观和客观、理论和实践、知和行的具体辩证统一，对于无障碍电影的内涵丰盈和建设发展具有重要意义。

当前，无障碍电影的文化供给模式主要是“公益+”模式，在创作内容方面，依靠影视版权的公益化免费赠予进行具体内容的生产。同样，在传播推广层面，基于特殊群体的公益性考量，主要进行非营利性的传播，在文化产品的供给层面也是公益化的免费模式。由此，从无障碍电影文化产品生产的开端到具体传播接受的终端，在具体运营上基本是社会效益主导的模式，经济效益基本不参与其中，这样的模式原本无可厚非，但是在理论和实践层面也存在一定的矛盾需要厘清。首先，从理论层面来看，无论是影视作品还是无障碍电影，它们的本质属性都是社会效益和经济效益的有机统一，单纯的社会效益和经济效益都不足以支撑其常态化和长效化的发展。于是，它们在本质层面都兼容着社会公益性和市场经济性的双重特征。这从根本的本质逻辑层面对当前无障碍电影模式的运营提出了理论质疑。其次，从无障碍电影的实践来看，在具体的文化供给模式的运营层面，无障碍电影模式的探索并不成熟，无论是无障碍电影产品的供给还是创作产品的营销推广以及传播受众的满意度，仍然存在着诸多问题亟须克服。无论是版权的困束还是受众体验度不高，归根结底都在于无障碍电影没有实现社会效益和经济效益的协同

性联动，单纯的“公益+”模式让无障碍电影的内容来源和推广实施并不稳定，在没有经济效益回馈的前提下单纯进行公益化运作需要政府、企业与社会各界的协同推进才有成效。但是，这样的协同推进需要大量的资源协调，并不具备长效性的运营潜力。而且，在服务频次和服务质量层面，没有经济效益的推动很难形成长效的创新机制，进而影响着无障碍电影的发展活力。整个无障碍电影创作过程是一个协同化发展的过程，一个方面的影响往往会传到诸多创作环节，进而形成创作环节均衡度不高、文化产品创新力不足、受众满意度不高等诸多问题。所以，进行理论与实践层面的互动可以从根本上厘清具体矛盾的根本所在，并进行相应的问题梳理、归因分析和策略制定，从本质上为无障碍电影质量的提升提供参考借鉴。

第二节　无障碍电影理论与实践互动的关系

理论与实践是人类认识世界和改造世界的两个重要方面。理论是对事物发展规律的总结和抽象，而实践则是将理论应用于具体行动中的过程。马克思主义认为，理论与实践是相互依存、相互作用、相互促进的辩证统一关系。理论既来源于实践，又指导实践的发展，是对实践的系统凝练和提升总结，反映着实践过程中的事物本质；实践是理论发展的源泉和检验标准，能够检验理论的科学性和正确性，同时，也能够修正理论的科学性以及增强理论的丰富性，进而促进理论的创新性发展。在不同领域，理论和实践的关系存在相互作用和相互促进的特点。两者相互依存，不可分离，在有机结合的基础上能够更好地认识和改造世界，用辩证统一的眼光全面发现问题。

就无障碍电影而言，理论建构与实践应用也有相辅相成、紧密相关的逻辑关系。当前，无障碍电影的理论建构仍具有较大的发展空间，在诸多内容领域亟须相关的理论补足。由于无障碍电影面向受众的特殊性，在具体的理论建构层面并没有太多的已有成果可以借鉴，只能从具体实践中积极总结经验，并凝练提升为相应的理论内容。同时，形成的理论内容又为具体实践的创新拓展夯实了基础，并对具体的实践探索形成一定的宏观指导，有效推动无障碍电影的标准化建设。所以，要深入探析无障碍电影理论和实践的互动关系，需要在两个方面着力。一是外在价值的联通。分析无障碍电影已有的理论成果在实践过程中产生的指导价值，在此基础上分析实践对理论总结的反哺意义，进而明确两者相互促进的紧密关系。二是内在逻辑的对接。以内在的意义生产为特点，深入系统地研究无障碍电影的理论建构与实践应用在符号转化、平台建构、文本确认、推广传播、受众反馈等基本层面的逻辑互动，进一步明晰无障碍与影视传播以及创作发行之间的紧密关联，在此基础上分析两者之间的关系并呈现较为全面的互动维度。结合理论与实践之间的互动关联，参照无障碍电影的具体发展情况，两者之间的互动关系具体表现在以下几个方面。

一、无障碍电影的理论建构为实践应用提供了指导遵循，为具体实践的标准化建设夯实了理论基础

由于理论是对具体实践的经验总结和观察提炼，所以对于具体的创作实践极具精准的对应性，能够为具体的创作实践提供理论指导和学理支撑。因为无障碍电影理论主要来源于相应的创作实践，是实践经验的凝练和总结，自然对于其他具体的实践又具有可供参考的指导作用。例如，对无障碍电影概念的界定和本体特征的分析，有利于无障碍电影实践厘清相关的基础性理论的问题，尤其是本体特征的分析，对于无障碍电影的创作实践具有指导性和规约作用。再比如，由中国传媒大学联合相关影视机构打造的“光明影院”实施理论研究与实践探索齐头并进的发展策略，积极总结实践经验，形成理论总结又反过来指导具体的实践应用，成功探索了两者积极互动的创新模式。

无障碍电影创作标准化的问题是学界和业界研究的焦点问题，相应地无障碍电影的生产制作也在标准化的约定范围之内。如何针对视听障受众的心理认知特征，结合无障碍电影创作的具体实践，形成理论层面的具体标准的界定，不仅是无障碍电影创作规范化的必由路径，也是有效提升无障碍电影质量的重要举措。无障碍电影创作标准化的制定是理论与实践互动的结果。理论层面要解决的是标准化的理论基础、学理逻辑、经验总结、思想升华等基本问题；实践层面要解决的是问题探寻、归因分析、机制建构、实施路径和应对策略等基本问题。这些内在要素具有紧密的逻辑关联，机制建构需要理论基础作为具体阐释的支撑，问题与归因则与学理逻辑联系紧密，实施路径与应对策略是经验总结和理论思想升华的来源，要素之间具有精准的一一对应性，形成了理论建构与实践应用互动发展的要素支持，两者共同指向无障碍电影创作的标准化的建设，形成理论与实践有机互动的缩影。比如，在无障碍电影创作的过程中，对口述影像的标准化研究直接应用在无障碍电影

的创作实践中，对口述影像的脚本撰写从场景到具体人物和道具的描述都有了相关的遵循准则作为依据，能够有效统合不同无障碍电影生产机构的不同标准，有效提升了无障碍电影创作的规范化程度，对于无障碍电影内容的标准化建设和质量提升也具有积极的意义。

二、无障碍电影理论是对具体实践的凝练总结，能够进一步提升具体实践的价值效度

无障碍电影理论研究的起步较晚，并不具备太多的理论依据和资料可以遵循，而是主要面向无障碍电影的创作实践进行相应的规律探寻和理论总结。无障碍电影理论基本框架的建构主要根据无障碍电影的流程环节展开，包括创作策划、创作内容、平台建设、传播推广、受众反馈等方面内容，这也从侧面印证出无障碍电影实践对于理论总结的重要影响。由于相应的理论来源于具体的实践，反过来，理论又可以对这些具体实践的发展走向提供借鉴与指导，进而提升无障碍电影实践的价值维度，具体表现在以下几个方面。

一是无障碍电影理论是对具体创作实践的本质认识，是对具体工作规律的客观把握，能够解释具体创作过程中各要素的内在规律和本质特征以及逻辑关联，让创作主体以及接受客体对无障碍电影有更为全面、清晰和深入的认知与理解。通过相应理论的精准性指导，无障碍电影工作具体的实施者能够更为深入地分析实践中的相应问题，并及时认清问题的实质，分析相应的归因和影响要素，及时制定应对策略，进而更好地以理论创新解决实际问题，体现理论指导的时度效和有效性。

二是无障碍电影理论可以提升实践应用的价值成效。无障碍电影理论规约了创作实践的目标任务和发展方向，通过相应的理论指导，创作主体能够更好地组织无障碍电影的具体规划、实施路径与总结反馈等工作环节。进而提升创作效率，规避因规律性问题把握不准而导致的风险性问题，最大限度地发挥相应资源的作用力，以较为简约的时间和资源配置理顺创作流程，提高无障碍电影质量和传播效度，最大限度地满足视听障受众的影视文化需求。

三、无障碍电影的具体实践是理论建构的重要来源，能够进一步丰富相关的研究成果体系

无障碍电影的实践是针对视听障受众的心理认知特点和特殊的生理功能条件进行的创新性尝试，在尝试探索中，要根据实际情况不断调整具体的实施策略，并进一步完善相关的创作流程。从这个角度而言，无障碍电影实践是对理论的完善与修正，也是理论建构的重要来源。因为理论作为凝练性的经验总结和提升，必须面向具体实践，与实践形成内在逻辑关联紧密的有机对接，通过理论与实践的互动进一步提升目标任务的完成效度。所以，在一定程度上而言，无障碍电影的实践提供了理论研究的主要内容，并通过实践验证映显了理论的客观性和针对性，相应的实践问题的解决方案进一步丰富了相关理论研究的内涵，在实践中形成的大量具体案例和经验为理论研究提供了一手的新鲜材料，让理论发展更加贴近实际诉求。如“光明影院”的实践进一步丰富了无障碍电影创作的理论研究体系，同时，探索了理论与实践互动助推公益事业发展的创新模式。“光明影院”的成功是理论与实践互动解决现实重要问题的典型性样本，也印证了通过理论研究对实践进行的深度思考能够助推理论创新的结论，进而更为精准、更为有效地解决无障碍电影的实践问题。

值得注意的是，无障碍电影实践的发展能够进一步丰盈相关的理论研究成果体系，因为具体实践是具有拓展性的，会根据视听障群体的具体诉求和社会经济的发展进行更新变革，以无障碍电影为例，从开始的现场解说形式到专门的无障碍电影制作再到专门的无障碍影院建设，无论是内容还是形式都产生了巨大的变化，这些变化直接影响着无障碍电影的策划、内容、平台建设、传播推广等各个创作环节，由此也带来了相关理论总结的变化。以无障碍电影的概念为例，从开始单纯的口述影像的阐释到后来的手语翻译和字幕添加，具体概念内容的变化实际上反映的也是理论建构对实践发展的变化所做出的相应调整。所以，在一定意义上而言，无障碍电影的实践变化相应

地会带来理论研究内容的变化，可以进一步丰盈相关研究成果的理论内涵和实践维度，进一步反映出无障碍电影理论与实践互动的价值意义以及对具体无障碍电影的质量提升具有的积极作用。

四、无障碍电影的具体实践能够检视理论建构的应用可适度，能够完善和修正理论建构的精准性，推动相关理论的创新发展

无障碍电影实践是相关理论发展的重要源泉和检验标准。通过无障碍电影的具体实践，相关的研究主体会进一步认清创作行为的本质规律，通过现象探索创作过程的本体特征，有效把握无障碍电影活动的基本准则，通过发现问题、分析原因、总结经验，对理论更新与提升提出新的要求，为具体理论的建构注入新动能。同时，无障碍电影创作实践的更新发展也会为相关的理论研究带来调整和更新，能够根据最新、最前沿的行业动态进行理论修正，这无疑可以进一步提升理论研究的创新性，完善理论研究的现实针对性与指导性，进而形成更为完善、更具精准对应性的无障碍电影理论研究体系。

真实有效的实践探索可以验证理论的正确性以及现实的针对性，进而形成互为论证的积极辩证关系。从这一程度上而言，只有通过创作实践的具体探索，理论才能体现出其应有的指导性、科学性和可行性。如果相应的理论研究无法在具体的实践中得到验证和应用，那么理论研究也无法体现出其应有的社会价值和科学意义，也无法通过实践来体现出理论应用的可操作性。

在看到具体实践对于理论的完善作用和验证价值的同时，还需要看到无障碍电影实践对于理论更新的挑战性意义。在创作过程中，具体实践往往会带来新的问题并相应生成新的对策，由此建构出不同以往的新的理论研究情境，这些新的变化会倒逼无障碍电影的理论研究根据实际情况进行研究策略的调整和具体研究成果的更新。从这个视角而言，实际上具体实践所遇到的新问题和新情况对传统的理论指导提出了新的挑战，进而形成了探索尝试与完善修正的理论生成机制和过程，在这个过程中，研究主体会创新性发挥主观能动性，通过对新问题的深入思考和精准把握进而形成新的理论总结，并对原有的理论进行适当的更新和修正，以更好地实现理论应用于创作实践的适应性和指导性，进而提升无障碍电影理论的客观性与实践的精准度，更好地助力新时代视听障群体的影视文化服务质量的有效提升。

第三节 无障碍电影理论与实践互动的现状

一、无障碍电影理论与实践互动的发展成效

理论与实践互动是无障碍电影研究的重要内容，也是确认无障碍电影质量的必然路径。在中国，无障碍电影实践创作发展相对滞后，开启初期，基本上都是现场口述的形式，并没有形成可供保存的 DVD 等形式，具体的无障碍创作更是无从谈起。2009 年，随着上海市残联、上海图书馆和上海电影评论学会联合成立了全国首家无障碍电影工作室，工作室对影片《高考 1977》进行了无障碍版格式的改编并进行了公映，以 DVD 格式进行了发行，开启了中国无障碍电影的发轫。较为正式的标志性启幕是在 2012 年由新闻出版总署主办，上海市新闻出版局承办，上海永乐股份有限公司、上海电影音像出版社、黑龙江残疾人联合会协办的国家“十二五”重大音像出版工程“中国无障碍电影项目”的启动。启动仪式上捐赠的是无障碍电影 DVD 音像制品，而且具有一定的数量和规模，与传统的影视创作形态和内容最为接近。之后的“光明影院”等项目在保持原有无障碍电影形态的基础上又进行了多维开拓，积极进行数字化转型以及线上播放的形式，进一步繁荣了无障碍电影事业的发展。

与此相对应的是无障碍电影的相关理论研究也取得了长足进步，一系列具有实践指导性的理论作品结合具体实践经验的总结和凝练提升，形成了对实践具有重要意义的精准性指导，有效促进了无障碍电影理论与实践的二元互动。

1. 理论与互动的重点实践项目抓手取得新突破

在政、企、校资源协同汇聚下，涌现出一批无障碍电影爱心公益项目，其中，较有代表性的就是“光明影院”公益项目，该项目于 2017 年由中国传

媒大学、北京歌华有线电视网络股份有限公司、东方嘉影电视院线传媒股份公司共同发起，开展无障碍电影及其他无障碍视听产品的制作、宣传、推广、成果转化等工作，形成了完整的创作发行机制。截至目前，“光明影院”制作完成了500余部无障碍电影。该项目采取理论与实践互动的发展模式，一方面，深耕实践，以进社区、进影院、进图书馆、进盲校、进家庭的“五进”模式面向全国覆盖推广，并形成政府、残联、盲协、盲校等单位协同汇聚的发展格局，创新性探索了各地特色文化扶贫模式，在资源汇聚的过程中提升了服务视听障群体影视文化需求的核心竞争力；另一方面，该项目对具体的实践进行理论总结，并凝练形成学术论文等理论成果形式，对无障碍电影的社会价值、审美形式、制作策略、传播模式、版权突围、创作方式等方面内容进行了经验总结和对策思考，并形成论文、著作、调研报告、学位论文等多形式的理论成果。这些理论成果深植“光明影院”无障碍电影的创作实践，面向无障碍电影的具体探索，形成理论与实践互动的良好局面。其中，《无障碍电影制作的技术性与艺术性——以“光明影院”实践为例》等学术论文在CSSCI期刊《当代电影》等权威杂志发表，进一步印证了理论源于实践的科学性和创新性。

2. 以自身参与的切身经验形成具有指导性的专著成果取得新进展

以往，关于无障碍电影研究成果的形式以报刊文章和学术论文居多，缺少系统化的理论著作对具体的实践经验进行总结并对实践的创新探索提供有益的启发和指导。近年来，在成果形式方面取得了新的发展。最具代表性的是由中国无障碍电影事业的重要推进者马卫先生根据撰写无障碍电影脚本的切身经验花费三年时间形成的专著《无障碍电影：向善向美之路》，该书具有鲜明的实践指导性，对无障碍电影内容的创作具有精准的指导性作用。全书对无障碍电影的概念、发展历程、理论研究、文本撰写的具体技巧和基本准则以及审稿的具体规范进行了细致的界定，具体到“片头与片尾”“细节与表现”“语言与文字”“解说与对白”“抒情与议论”“象征与隐喻”“插曲与音乐”“复杂场面”等细节内容，为无障碍电影创作的规范化和标准化提供了有益的理论指导，由于具体内容都是来源于作者自身的实践经验，所以对于无障碍电影内容的质量提升也具有重要的启发和借鉴意义。该书的重要价值在于开启了无障碍电影系统化、标准化的建设理论路径，尤其是著作成果的创作理论和思路从侧面映衬出无障碍电影近年来理论与实践互动所取得的成果。

3. 面向实践的理论成果集群更具体系化

随着社会对视听障群体文化需求满足工作的重视，对于基于实践探索指导的相关理论成果也呈现出系统体系化的发展趋势。较有代表性的是浙江大学青年学者李东晓的研究突破，她以无障碍传播为研究基点，精准面向视听障人群，采用定性与定量研究相结合的方法，在专著、学术论文、课题研究等方面取得了齐头并进的成效。在专著成果中，《听见　看见：影视媒体的无障碍传播研究》一书以无障碍传播理论为基础，系统论述了广播、电影、电视媒体无障碍传播实践的技术路径、制度环境及运行模式，并以浙江省盲聋者的调查为基础对广电媒体无障碍传播的受众需求进行分析，以此与我国广电媒体的无障碍供给状况进行对比，明晰了当前我国广电媒体无障碍建设的问题，并基于大众媒介公共服务理念对我国广电媒体的无障碍建设走出困境提出了理论参考和意见建议。该书并没有仅仅局限于理论层面的梳理，而是面向视听障受众进行了实证研究，体现了理论联系实际的研究思路。在论文成果中，李东晓教授系统讲解了无障碍传播的理论模型、无障碍电影的基础理论和实践发展等基本内容，为无障碍电影的理论建构夯实了基础。尤其是对面向听障群体的手语电视节目的研究，突破了以往研究成果对听障群体关注不足的局限。在课题研究成果中，“新媒体环境下基于视听障碍用户的媒体可及性研究”等课题项目不仅获得了国家社科基金的立项实现了高层级突破，而且以系统化的理论视野面向具体实践实现了学理逻辑的贯通，体现出理论与实践互动的研究张力。

4. 学术会议打造无障碍电影发展智库

近年来，以无障碍电影为主题的学术论坛成为无障碍电影的新景观。由于与会人员涉及专家学者和业界相关人士，所以会议主体往往极具现实实践的针对性，能够积极地关注业界发展动态，明晰无障碍电影发展前沿的律动。例如，一年一度的上海市“阳光院线”无障碍电影制作研讨会，每次都会聚相关的学界和业界人士，分为培训篇和研讨篇两个板块，培训阶段会邀请业界和学界的权威人士就具体的理论基础和创作技巧进行系统的讲授，为无障碍电影的具体实践充电加能；而研讨篇则聚焦无障碍电影领域的发展方向、完善方案、未来进路等方面内容，集思广益，群智群策。通场学术会议洋溢着理论指导与实践探索互动的积极旋律，成为近年来无障碍电影理论与实践协同发展的一个缩影。除了“阳光院线”无障碍电影制作研讨会，中国传媒大学、联合国教科文组织、中国盲协、中国残联宣文部、深圳市信息无障碍研究会等部门、单位和社会团体也以多种形式举办多场具有理论指导性和实践探索性的学术会议，会议紧扣无障碍电影发展主体，汇聚各界智慧力量，就理论研究和实践推进的过程中遇到的现实问题展开探讨并制定具有可行性的应对举措，为无障碍电影的发展提供了有效的智力支持。

5. 业界经验总结论文日益繁盛

近年来，关于无障碍电影的实践经验总结的成果逐渐丰富，作者往往是业界一线的工作人员，他们及时总结无障碍电影实践过程中的经验、规律和教训，并对具体的实践策略展开具体的探讨，由于这些作者都有亲身实践的经历，所以，在论文成果的创作方面更具现实的针对性和指向性，既能够通过总结提升形成对实践的理论指导，也能够进一步丰富无障碍电影理论建构的成果体系，进一步丰盈理论建构与实践探索的互动维度。例如，中国盲文出版社编辑王莉撰写的《无障碍电影创作分析与研究》以无障碍电影内容的创作为着眼点，结合自身的工作实践经验，对无障碍电影创作过程中题材选择、脚本创作、播音语态等系统思维的构建和实践操作进行探索和研究，这些理论内容的总结不仅进一步提升了无障碍电影内容的标准化水平，而且有效联通了无障碍电影创作理论与实践之间的逻辑关联和互动渠道，形成了无障碍电影理论与实践相互照应的积极探索路径。

另外，值得注意的是，无障碍电影的应用近年来开始呈现扩容化趋势，逐渐向图书馆等文化场所领域延展。比如，苏州图书馆曹卫撰写的《公共图书馆视障读者服务的创新与发展探究——以苏州图书馆“我是你的眼”项目为例》，文章以苏州图书馆为视障读者开展的系列主题活动为研究对象，系统深入地总结了相关活动的开展经验，在此基础上根据活动过程中遇到的相关问题提出切实可行的对策和措施，进而形成具有参考借鉴性的理论成果。无论是业界经验的总结还是其他文化场所领域的拓展，相关经验性总结论文成果的产出都从侧面印证出无障碍电影理论与实践互动所呈现出的新进展，这无疑对于无障碍电影以及视听障群体影视文化满足工作的高质量发展具有积极的作用。

二、无障碍电影理论与实践互动的薄弱环节

当前，虽然无障碍电影理论与实践的互动取得了一定进展，但是，双方的有机互动仍然存在一些问题，主要表现在以下几个方面：

1. 无障碍电影理论照应实践发展明显滞后

（1）基础性理论建构的匮乏

对于无障碍电影的概念界定、本体特征的分析、发展历程的梳理等基础性问题鲜见相关的理论文献资料，对于无障碍电影创作的具体区分性也没有专门的文献资料进行分析和论述，在具体概念的使用上，仍然存在误用的现象，无障碍影视、无障碍电影、口述影像等概念依然存在误用现象，在具体的理论阐释方面，缺乏精准性的描述，往往用无障碍电影统而概之，这不仅缺乏本有的学理逻辑性，而且，对照具体的创作实践也无法形成相对称的理论自洽。基础性理论成果的匮乏直接影响着无障碍电影相关理论的独立性，进而无法建构符合视听障受众心理认知特征的无障碍电影理论体系。

（2）无障碍电影理论针对创作实践的对应性不强

当前，无障碍电影理论主要针对无障碍电影的创作展开，适当兼容无障碍电影传播的部分内容。这些内容归置到无障碍电影的理论体系中属于创作内容的序列，而无法形成对创作策划、创作平台建设、无障碍电影传播推广等其他创作环节的对应性阐释，进而呈现出以偏概全的问题，也无法形成完

善的理论逻辑。而在无障碍电影内容的内部结构中也存在失衡的现象。当前，相关研究成果更注重探讨口述影像的创作与影视版权的限制破解，也有部分研究成果从特殊受众的视角，运用定性和定量研究对无障碍电影的传播接受进行了系统的关注，但是，对于受众体验感的核心问题并没有触及。随着无障碍电影发展的日益成熟，显然，可及性之后的可体验性更能够反映视听障受众与无障碍电影的有效沟通。

当然，无障碍电影的研究内容并不止于此，它还有着更为广阔的涵盖，除了无障碍电影内容和受众反馈，无障碍电影策划、创作平台建设、无障碍电影的衍生拓展等内容都是无障碍电影理论建构的重要组成部分，而对于这些方面的专门理论性研究成果较为鲜见，从侧面印证出无障碍电影理论研究对应实践的滞后性。

（3）相关理论对于无障碍影视的新变化跟进研究滞后

近年来，无障碍电影内容不断拓展和丰富，除了无障碍电影，还出现了无障碍电视剧、无障碍综艺节目、无障碍短视频、无障碍电影动画等其他内容形态，多类型、多形式的无障碍影视生产，有效满足了视听障群体对于影视文化服务的多维性需求。但是，对于这些新的无障碍影视形式，相关的理论研究关注却明显不足，缺乏具有时效性的跟进。比如，无障碍版电视剧《老酒馆》制作完成并在局部范围内进行播出，并在主流媒体上报道。虽然创作方进行了创作阐释，但是并没有专门的理论成果对无障碍电视剧制作的独特性进行分析，从学理上区分无障碍电视剧与无障碍电影的区别。同样，对于综艺节目、网络短视频和影视动画的无障碍改造，也缺少相关的学理分析和理论总结，对具体的制作方式、推广模式和内容生产范式都缺少深入系统的分析和阐释，与实践层面上不断出现的无障碍电影生产相比，相关理论的配套研究明显滞后，直接影响了无障碍电影理论研究与实践应用的互动效度。

2. 无障碍电影实践对相关理论的创新推动性不强

（1）缺乏具体实践创作路径的开拓

当前无障碍电影主要的创作手段还是口述影像、手语翻译和字幕添加等三种基本方式，缺乏新技术的融入和无障碍手段的更新，在体验感强化方面没有实现更大的突破和进展；在具体的创作模式层面，无障碍电影基本上还是局限在“公益+”的模式，主要依靠影视机构的版权赠予来解决创作内容的版权问题，市场化运营方式至今没有突破，尤其是在普惠性非基本文化服务供给方面，无障碍电影仍然没有探索出具体的实施路径，在创新机制的建构层面也是乏善可陈，影响了无障碍电影创作的常态化和长效发展。同时，由于创作规模有限，相应的创作机构和工作人员并没有进行专业化的分工，在无障碍理念的注入层面也缺乏应有的力度，直接影响着整个创作流程实践的科学性和有效性，从创作策划、创作内容、创作平台、宣传推广到受众反馈等多个流程环节都没有新路径的开拓，在一定程度上也束缚了无障碍电影的创新活力，拘束了无障碍电影理论建构的内涵与外延范畴。

（2）缺乏无障碍电影衍生形态的开拓

无障碍电影可以有多种形式的产品衍生与拓展。一方面，可以延展无障碍电影传播的品牌效应；另一方面，可以进一步丰富传播受众文化满足的产品供给维度。当前，无障碍电影在实践层面对多维产品的开发力比较薄弱，相关无障碍电影形态的开拓力不足往往带来无障碍电影各个环节发展的活力弱化，无论是平台建设还是无障碍电影形态和内容的创新都无法进行更新变革的快节奏呈现，进而影响理论建构层面的全面性和丰富性。目前无障碍电影主要局限在电影领域，对其他影视相关的衍生产品关注度明显不够。对于视听障受众而言，他们对于影视文化的需求绝不仅仅局限在电影领域，就观赏便利度而言，他们更倾向于手机媒体的影视传播。然而，考量手机屏幕的特性，电影宽银幕的艺术特点并不适合在手机媒体上发挥电影作品的视觉优势，尤其是对于视觉无障碍的听障群体，反而综艺节目和电视剧对于屏幕属性的要求不高。同样，适合视障群体的还有广播剧，广播剧完全可以作为影视传播的载体实现创新维度的传播，当前拓展的原声影视剧便是具体的拓展尝试。但是，归置到无障碍电影领域，这些作品之间显然缺乏有机协同和系统排布，无法形成合力彰显无障碍电影衍生产品的特色优势，进而影响理论与实践的有机互动。

（3）缺乏新技术与新内容的新融合

技术创新是无障碍电影的重要特征，也印证了技术对无障碍电影实践的重要性。以无障碍电影为例，从现场讲述到口述影像的添加再到第二声道的设置，敷设出无障碍电影技术性依托的发展进路。随着数字技术的快速发展，无障碍电影理应大有可为，实现技术与内容双向度并进的发展格局。然而，目前无障碍电影的技术性应用并没有实现太多突破，依托的主要模式还是传统的无障碍改造模式，以口述影像等为主导，更注重软性辅助技术的配套，而忽略了以数智化技术为创作实践的更新所带来的新改变。从这一层面考量，无障碍电影显然缺乏技术与内容的创新融合，在内容的表达层面，技术没有彰显出应有的拓展性功效；而在技术美学的艺术提升层面，内容也没有显现出应有的美学意义。尤其是无障碍电影的外在包装、内在结构、传播形态和平台赋能等方面明显缺少技术内容的深度融合，没有体现出技术更新的创新性优势，进而制约了无障碍电影的传播效果，影响了视听障受众的影视文化服务的满足质量。

综上所述，无障碍电影理论与实践互动发展的协同性与针对性明显薄弱，两者之间在深度互动的关系搭建上仍然有着较大差距，无法对相应的创作实践形成积极的助推。无障碍电影理论的滞后导致相关基础性的理论问题无法厘清，致使创作主体在理念认知和工作专业性准则的把握层面储备不足，无法适应无障碍电影的变动性，无障碍电影理论的应用在具体的实施过程中往往也会导致失误和偏差。反过来，无障碍电影的实践也缺乏应有的活力，在无障碍电影的形态创新、创作平台的数字化转型、创作内容的创造性变革、创作策划的前沿性理念更新方面也存在着明显的滞后和不足，具体实践的开拓力弱化直接影响理论建构层面的内容拓展和学理更新，不仅无法让理论研究对应创作实践的发展，而且，在经验策略总结方面也无法发挥应有的力度。所以，无障碍电影理论与实践互动的薄弱化直接影响着无障碍电影的质量和视听障群体影视服务水平的提升，也是当前无障碍电影发展亟须引起重视的问题。

第五章　无障碍电影实践的问题探寻与归因探析

第一节　无障碍电影实践的问题探寻

在中国，无障碍电影起步较晚，虽然在 2009 年伴随着第一部无障碍电影 DVD 形式的出现，进行了创作实践的探索，但是真正起步并进行一定规模的创作要从 2013 年开始算起。以中国盲文出版社、上海音像出版社两大骨干力量为代表，在国家相关部门的政策支持下，与无障碍电影创作工程相互配套，开启了中国无障碍电影的新纪元。经过十余年的实践探索，无障碍电影在面向视听障特殊群体的影视服务发展层面取得了长足进步，一批具有创新意义的精品化无障碍电影公益项目和公益社团纷纷出现，使得无障碍电影产品的供给实现了数量与质量的双向度提升。

但是，由于视听障群体的生理特征和心理认知能力具有一定的特殊性，以此为基点考量，显然，无障碍电影的发展应该更加注重视听障群体的心理认知维度，以此形成更为精准的创作文化供给。然而，在实践中，特殊心理认知方式与特殊文化产品的供给并不对等。就无障碍电影而言，虽然取得了长足进步，在无障碍电影数量和质量层面均有提升，但随着视听障群体对影视文化服务工作的要求不断提升，无障碍电影实践存在的一些问题仍然亟须引起重视。

当前无障碍电影创作采取的是单纯的“公益支持+政策扶持”的模式，这一模式本身并没有问题，甚至是融合非基本文化与普惠性文化供给实施的有效路径。但是，如果充分考虑视听障群体的心理认知特点和文化产品接受特征，这一模式也存在着单一化供给的短板，尤其缺乏市场经济动力的刺激，缺乏常态化和长效机制，在具体的内容供给方面，也存在版权困束的问题。与此相对应的是，当前面向视听障群体的影视创作的无障碍理念十分模糊，并没有形成精准的无障碍文化服务机制，视听障群体的文化接受地位依然弱势，无论是硬件设施的配套还是无障碍理念与手段的介入，都无法形成有效的文化服务与供给对应。另外，无障碍电影发展的相关配套也较为薄弱，无论是硬件还是软件设施，都缺乏协同性的规划和长效化的配置。在这样的发展语境下，无障碍电影缺乏系统的无障碍流程体系，因为它同样需要遵循传统的影视创作所遵循的具体流程，建立“调研策划—内容生产—平台建设—传播推广—产品衍生—效果反馈”的完整创作链条，但目前就无障碍电影发展的实际情况，在创作链条的完整度上还有较大差距，由此形成了一系列具体的问题，影响着面向视听障群体的无障碍电影的供给质量和发展效能。

一、无障碍电影创作本体单一

无障碍电影本体涉及创作主体、创作内容、创作模式等要素，这是体现无障碍电影自身特色的重要因素，也是考察无障碍电影实践的基本切面。无障碍电影主体主要涉及专业性较强的创作机构；无障碍电影内容主要涉及影视题材、形态等内容；无障碍电影模式主要涉及具体编辑工作的方式和影视内容改编的主要手段。三者之间具有紧密的逻辑关系，是深入探析无障碍电影问题的重要切入点。一是创作主体单一化。由于无障碍电影具有较高的专业性门槛，当前主要有以中国盲文出版社和上海音像出版社为代表的少量几家出版社进行无障碍电影创作与发行，难以形成规模效应。而且，这两家出版机构的专业化较强，无障碍电影覆盖受众并不广泛，每年获得的影视剧无障碍改编的版权数量有限，所以整体数量并不具备优势。整体来看，无障碍电影的专门机构数量较少，类型偏专业化，综合性不强，由于创作主体的单一化和影视改编版权的困束性造成在具体无障碍电影的生产类型上并不丰富，缺乏多元化的影视创作文化产品的供给，成为无障碍电影本体方面的薄弱性环节。社会团体和民营机构在创作领域涉及较少，而且往往以利润为主要诉求，与无障碍电影的公益性属性具有一定的冲突，所以，在创作发行层面，这些商业性机构发挥作用并不明显。

二是无障碍电影创作模式的单一化，主要采取“口述影像+手语”的基本模式，无论是无障碍软性理念的注入还是新媒介高技术的融入都可谓乏善可陈，缺乏应有的创新锐度，尤其是在影视文本的无障碍改编层面，没有紧密地与视听障受众的心理认知特点进行精准对接，建立更为丰盈的无障碍编辑创作体系，在内容选用的创新层面缺乏应有的动力支持，与普通影视创作编辑的区分度不明显，没有建立具有自身特点的无障碍电影创作体系。

三是无障碍电影文本形态的单一化，而且呈现出发展不均衡的态势，电影与电视剧协同创作的数量比例失衡，主要以无障碍电影为主，无障碍电视剧的数量相对较少；对于影视动画、广播剧、影视原著有声书等其他无障碍电影产品形态的创作开发力度明显不够，无障碍电影的衍生能力不强，无法针对视听障受众的具体诉求设置相应的影视文化创作产品的供给；在具体的依托载体层面，新媒体开发的力度较为薄弱，没有与先进的媒介技术进行深度融合，固然有资金和人力资源等因素的困束，但是，从创作策划的起始就没有纳入整体创作体系考察，证明整个创作形态的变革缺乏无障碍理念的确认。

二、无障碍电影内容时效性滞后

由于版权限制，无障碍电影的片源更新并不及时，尤其是新近上映和播出的热门影片，单纯依靠公益化的手段往往难以在较大范围实现电影作品的无障碍改编并进行公开发行。普通影视剧版权获取的高昂费用与无障碍电影对于公益化运作方式的依赖形成矛盾冲突，这并不关涉对错，而是两者之间具有本体属性的矛盾冲突。影视剧的制作需要耗费巨量的资金，目前的运作方式主要以民间个体性的投资为主，这就决定了需要利润的回收以维持投资与收益之间的关系平衡，这在一定程度上决定了影视剧的商业属性，需要较大的利润刺激来实现持续化的正常运营。然而，视听障群体虽然占有一定的数量，但与普通群体相比仍显弱势，在影视传播的体系中也属于小众化群体，这也意味着单纯面向视听障群体的推广发行并不具备利润回收的竞争力。由此导致影视剧的版权很难向无障碍电影进行倾向，必须以政府主导的政策引导进行公益化运作才能实现影视版权的免费赠予。无障碍电影对于政府主导的公益性的依赖又导致了一系列市场化的问题：一是电影单纯面向视听障群体不具备市场经济运作的基础，利润的回收面临困境；二是无障碍改造需要电影版权的获取才能行使相关权力，但是，版权重要的约束指向便是保障经济利益，这又在一定程度上形成新的矛盾冲突；三是无障碍影院的建设需要以高技术为依托的资本投入，必然又涉及新的利润问题，从投资与收益回报的对等性来看，建设无障碍影院也只能是局部性的尝试探索而不具备推广性。以上问题的存在直接影响着视听障群体的观看影片的时效性，尤其是新近播出的热门影片，为了保障票房质量，在版权的赠予层面可操作性并不强，而要实现即时的无障碍电影内容的更新，无论是制作时效还是更新时效都更为艰难。在这样的语境下，视听障受众的电影创作内容的更新诉求只能依靠无障碍影院来实现最新热门影片的满足，显然无论是观看便利度还是精准需求满足的契合度都面临着较大的困境。所以，从市场经济运作的视角考量，无障碍电影的公益化运作模式受制约经济利润的回报等因素影响并不具备常态化的运作基础，而只能在部分时间阶段和创作范围内实施。最终导致无障碍电影内容的来源并不丰富，更新频次也无法实现常态化保障，电影创作内容也以热播完毕的老版电影作品为主，时效性明显滞后，影响着视听障受众的观影体验感。

三、无障碍电影受众素养不均衡

视听障群体的自身素养对于无障碍电影的传播推广具有重要影响，也关系特殊受众“观看”影视剧的体验质量。当前，视听障受众的整体素养并不均衡，主要由个体经历、家庭环境、受教育程度、审美经验、兴趣爱好、性格特征、生长区域等多因素复合性影响所致。在这些影响因素中，最具可弥合性的要素是受教育程度和审美经验。因为受教育程度代表着文化基础知识的掌握程度，审美经验则指向视听障受众接触美学的受锻炼程度，两者的汇集无疑有利于拉近无障碍电影与特殊受众之间的距离，直接决定着特殊受众对无障碍电影的接受质量。

然而，当前视听障特殊受众的受教育程度和审美素养依然有待提升。虽然面向视听障群体的初级和中等教育有了长足的进步和发展，以特殊学校、盲校和聋校为载体的教育平台有效地提升了视听障群体的教育素质和审美素养。但是，在高等教育层面，视听障群体的融入度还有待提升。在全国范围内共有滨州医学院、北京联合大学、长春大学、南京特殊教育师范学院、天津理工大学、重庆师范大学、西安美术学院、郑州师范学院、绥化学院、金陵科技学院、乐山师范学院等 11 所院校面向视听残障群体招收本科生，当前在校生人数已近 5000 人。这一数字虽然具有一定的发展进步性，但与视听障群体整体数量相比较仍有较大差距，这一群体高等教育程度偏低，不仅在知识文化素养方面难以有成效明显的提升，而且，在审美素养方面也存在一定的局限性。原本视听障群体就是弱势群体，在文化休闲娱乐供给方面存在着均等化程度不高的劣势，这进一步加剧了视听障群体审美素养提升的困境。显然，视听障群体高等教育的普及程度不高和日常休闲娱乐参与均等化程度不强导致了视听障群体文化基础知识积累和审美能力不高的问题。

归置到无障碍电影的领域，相应的问题主要表现在以下几个方面：一是视听障群体的影视知识储备不足，对于影视艺术的本体特征、创作技巧、制作方式、叙事特点等基础知识把握不到位，难以与无障碍电影形成信息接收的对称性，进而影响对影视艺术的深度理解，难以体味影视艺术的深层次意蕴；二是视听障群体的文化基础知识的储备不足导致对影视剧的文本内容、无障碍表达方式等内容在理解层面具有一定的局限性，尤其是影像符号与言辞符号的转化需要一定的文化知识基础，文化知识基础的薄弱在一定程度上也束缚了特殊受众的“观影”体验；三是视听障群体的心理认知能力训练不足，由于视听觉障碍的局限，特殊受众需要发挥心理认知层面的联想、想象等基本能力实现对影视内容的理解和相关信息的接收，但是当前视听障受众的想象力和联想力缺乏专门系统的训练，由此在影视艺术“观赏”过程中难以形成审美共情，进而影响了无障碍电影的传播推广效果，拉大了无障碍电影面向视听障受众的传播距离。

四、无障碍电影形态拓展不足

当前，由于影视版权的困束和相应创作机构的少量化，致使无障碍电影的形态非常单一，主要表现在以下几个方面：第一，无障碍专业化理念的缺位致使创作主体的认知困束，造成无障碍电影创作理念的局限性。在无障碍电影创作过程中，从负责人到担任具体工作的后期编辑人员并没有建立专业性的无障碍理念，对无障碍电影的内涵和外延理解并不到位，在具体的实践上也没有清晰的理解和具体的把握。比如，无障碍电影与普通电影有着怎样的区分；无障碍电影具有怎样的形态；无障碍电影的传播推广是否具有线上和线下的拓展形式；在数字化背景下，无障碍电影的网络传播与数字化转化是不是无障碍创作的内容涵盖；传统的影视剧作品与无障碍电影有着怎样的具体联系：这些问题都需要无障碍电影主体进行系统细致的把握，但从目前无障碍电影的实际情况来看，创作主体对以上问题的认知和重视程度显然还有较大差距。

第二，无障碍电影的表现形式不丰富。无障碍电影具有较为广泛的覆盖性，除了无障碍电影，无障碍电视剧、无障碍综艺节目、无障碍网络短视频、无障碍电影动画等多种影视艺术形态的文化产品也可以通过翻拍、转化等方式纳入无障碍电影的范畴之内。当前，无障碍电影的主要内容来源是传统的普通电影，相应的无障碍电影的形式也主要沿用的是传统电影的形式，对其他艺术类型的样式涉及较少。而且，在无障碍电影的供给层面，也存在着单一化的问题，不仅类型内容略显单一，而且在无障碍电影无障碍化改造的表现手段上也主要以传统的口述影像、手语翻译和字幕添加为主，缺乏丰富的形式拓展，没有体现出无障碍电影丰富的涵盖性，这在一定程度上影响了无障碍电影的表现力，形成了具体产品形式单一化的现实问题，对于视听障受众影视文化的多元化满足也具有一定的拘束性。

第三，无障碍电影的传播推广模式区分性不强。无障碍电影具有自身的本体特征，在面向具体的受众层面时也有着明显的特殊性。在无障碍电影的内部架构关系中，无障碍电影与传统的普通电影也不能简单地画等号，无障碍电影具有更为宽广的涵盖，传统的电影只是无障碍电影内容的一部分。所以，无障碍电影的传播推广模式不能仅局限在单一的传统模式，而是应该着力于根据具体的无障碍电影的不同特点和视听障群体不断变化的影视文化诉求进行更为多元的拓展。但是，当前无障碍电影的传播推广主要采用的是传统电影的传播推广模式，而无障碍电影的传播模式并不具备创作过程的涵盖性，与无障碍电影传播的具体特征也并不相同，单纯的模式套用只会困束无障碍电影的传播效果，难以与视听障群体对于影视文化的实际需求形成精准性的对应。

五、无障碍电影创作平台建设力弱化

创作平台的建设是无障碍电影创作的重要流程环节，也是连接创作内容生产与传播推广的重要纽带。传统的影视由于在具体形态上多以磁带和光盘为主，所以在创作平台的建设上主要以传统音像的发行渠道为主，但随着移动互联网的快速普及以及数字化技术的快速发展，不仅重构了无障碍电影的发行推广方式，而且在具体创作平台的建设上也逐步呈现出虚拟化、网络化、移动化的基本特征。与此同时，手机新媒体快速崛起并改变了人们的信息接收习惯，更多的人群选择在手机上观看影视剧，这些新的发展变化为无障碍电影带来全新的发展语境。但是，当前在这一方面，相关创作机构和创作主体的反应并不敏锐，尤其是创作平台建设的数字化转型方面存在薄弱环节。

主要表现在以下几个方面：第一，创作平台建设理念更新的重视度不足。由于创作主体和接收人群的数量有限，在无障碍电影整个创作规划布局中，创作平台的建设纳入性并不强，甚至处于被忽略的地位，只有少量的网络商企出于自身形象的建立进行部分无障碍创作与传播平台的建设运营，以供视听障受众便利观赏较新的影视剧，但是，数量和规模也并不大。创作主体在这一方面可谓乏善可陈，已有的部分工程项目也是以时效性不强的影视剧为主，缺乏新近影视剧的更新，从侧面反映出相关部门单位对无障碍电影平台的建设并没有引起高度重视。第二，创作平台建设的资源积聚力不强。从外部环境考量，无障碍电影平台的建设并没有与影视制作机构、网络头部平台、社会公益团体、高等院校等各界资源形成协同性汇集，固然有市场经济效益的考量，但是，如果着力统筹，起码可以在部分项目上实现平台建设的突破，但当前在这一方面的开拓明显不足；从内部环境考量，无障碍电影创作各要素并没有与平台建设形成统合性连接，仍处于随机性的各自为战的格局，这势必导致无障碍电影内在结构机理的散点化。第三，缺少具有一定容量的无障碍电影资源数据库建设。当前，无障碍电影并没有在整合传统资源的基础上，对相应创作内容进行重新整合、编辑、排布，依托数字化技术结合视听障受众的审美偏好进行门类齐全的无障碍电影数字资料库建设，进而也导致无障碍电影的生产与传播缺乏有力的抓手。第四，创作平台建设与无障碍自身特征的可适度不高。当前创作主体建设的相应平台并没有针对视听障群体的生理和心理特征进行精准性的对接，对用户反馈功能的作用发挥并不到位，缺乏对视听障用户偏好的信息采集与分析，也鲜见与互联网头部平台集合体进行合作定制或引进视听障用户感兴趣的好作品，缺少无障碍电影平台统合连接作用的积极发挥，在助力视听障群体的影视文化服务质量提升方面缺乏应有的锐度。

六、无障碍电影创作策划引导力缺位

创作策划是整个无障碍电影创作过程的顶层设计环节，也是影响整个创

作流程顺畅度和实效度的重要因素。当前，创作策划在无障碍电影的过程中发挥作用并不到位，无论是无障碍电影的整体环节涉及还是创作的具体流程，前期的创作策划都缺乏具有统合力的系统布局，在理念确认和具体细节层面，也缺少策划因素的注入与引导，进而导致无障碍电影缺乏精准性和系统性。当前，无障碍电影策划引导力的缺位主要表现在以下几个方面：第一，策划环节缩减化。无论是人员配置还是时间设置乃至资源注入，相比较其他创作过程阶段，创作策划阶段都明显居于弱势地位，不仅没有引起创作主体的重视，而且还处于被压减状态，无法展现出策划环节的应有力度。由于创作策划作用发挥的薄弱性，进而又影响了创作主体对于该环节价值作用的客观评估，再次削弱了创作策划环节在整个创作流程体系中的地位。第二，策划创意随机化。由于对创作策划的重视程度不够，资源倾注有限，在策划创意层面也缺乏具有针对性和可调适性的创造性思维理念，进而影响了其他创作环节的创新性。尤其是作为主体的工作人员，由于无障碍创作并不具备常态化和长效性，在策划过程中，他们的策划意识和整体创意并不具备稳定性，甚至是随机化的，无法形成具有体系性的无障碍电影创意策划集群。第三，策划理念泛众化。创作策划阶段需要确立先进的创作理念，这有赖于对于创作市场的调研和创作选题的确认，由于受众特殊、市场运作度不高，在具体的调研过程中，无法形成体系完备的调研策略，进而影响精准无障碍创作理念的形成，策划理念没有根据特殊受众的生理和心理特点进行具有可区分性的建构，策划理念与策划实践的联通性不强，尤其是理念的弱化在一定程度上又影响着无障碍电影内容和推广方案的设计，最终造成创作各环节要素缺乏具有统合性理念的衔接，影响了无障碍电影的生产质量。第四，策划效力分离化。在无障碍电影创作过程中，创作策划是首要环节，而且牵引着其他创作环节的作用发挥。但是，目前无障碍电影的策划端效力的发挥并不明显，由于在市场调研、受众分析和主体确认等方面，策划主体并没有进行深入系统的梳理，再加上无障碍电影内容的来源并不稳定，而且创作频次不高，致使策划主体在具体的工作开展层面也没有形成稳定的系统化的策划方案，自然影响着后面各个创作环节的作用价值发挥，整个无障碍电影创作过程联系并不紧密，缺乏创作策划的统合性连接。

七、无障碍电影受众反馈渠道滞缓

受众接受效果的反馈对于无障碍电影的质量提升具有重要意义，对于检视创作过程各环节的协同性和价值意义具有参考作用。无障碍电影的受众主要是视听障群体，与普通受众相比较，这一群体在心理认知层面具有较大的差异性，由此带来无障碍电影的特殊性，涉及整个创作过程的方方面面。尤其是在反馈渠道的建立层面，由于视听障群体的特殊性以及无障碍电影传播的局限性，造成在具体的受众反馈渠道方面存在着滞缓化现象。主要表现在以下几个方面：第一，没有建立特殊受众接受效果的反馈机制。当前，无障碍电影的体系化建设较为薄弱，尤其是在创作机制的建构层面，缺乏创作主体、无障碍电影与受众之间的有效互动，其中，最为薄弱的就是特殊受众反馈机制的建立，不仅没有引起足够的重视，而且也没有纳入整个创作流程体系的议事议程，一般而言，无障碍电影到了宣传推广的环节就基本完成了整个创作过程，至于特殊受众的反馈和意见建议，并没有完善的配套予以保障进而形成与创作主体的可沟通传播。第二，特殊受众接受效果反馈渠道单一。当前，无障碍电影并没有建立可及性的意见建议反馈渠道，只有部分学者在进行课题项目研究的时候对特殊受众进行了定性与定量的调查研究，但是，这不足以覆盖整个视听障群体的无障碍电影接受情况；而且，在具体路径的建立上，无论是线下还是线上，都缺少具体的抓手承接视听障受众对无障碍电影的传播接受的认知以及基于心理感受的具体意见建议，具体路径的滞后必然导致创作主体与传播受众之间的信息沟通不畅，进而影响基于特殊受众效果反馈基础上的无障碍电影的调整与改进。第三，特殊受众意见反馈与无障碍电影的创新变革缺乏协同性。受众意见反馈的收集和采纳是为了提升无障碍电影的质量和传播的精准度。但是，当前少量的信息反馈与无障碍电影的实践并不能够形成对等性的照应。在无障碍电影的生产设计层面，仍然存在着可适性不高和可体验感不强的问题，这些问题与视听障受众的观影感受紧密相关，而且，具体的调试修正也需要精准呼应视听障受众的心理认知方面的具体感受，视听障受众接受效果信息的匮乏直接导致无障碍电影实践指向的精准性，无论是无障碍电影的主题确认还是创作内容的无障碍化改造在具体的传播过程中都无法形成更为精细化的对应，进而影响了无障碍电影的传播效果，在视听障受众的影视文化服务满足层面也会存在质量不高的问题。

八、无障碍电影传播推广力薄弱

传播推广环节是无障碍电影的拓展性环节，也是创作内容实现社会价值的主要承载。它联通着特殊受众与创作主体以及无障碍电影之间的信息沟通，在无障碍电影质量提升的语境下其作用举足轻重。当前，无障碍电影的发展并不均衡，在创作频次层面也没有建立常态化的机制，而只是以重点工程项目的形式进行无障碍电影的生产。与之相对应的是无障碍电影传播推广的不稳定性。而且，无障碍电影的公益属性明显，并不是依靠商业化的市场运作手段来实现利润的回报，所以，在无障碍电影传播推广层面并不具有市场核心竞争的压力，而主要是建立创作机构的社会效益形象，完成公益化传播。由此，从传播竞争力的角度考量，无障碍电影的传播推广力度较为薄弱，主要表现在以下几个方面：一是传播主体主要以创作单位为主，其基本诉求在于公益形象的建立，而不是市场效益的获取，于是，传播主体的主观能动性的动力并不充足，缺乏应有的创造性活力和实践创意；二是传播内容具有一定的局限性，由于版权的限制主要依靠公益化的版权赠予来获得创作内容资源的充实，新近播出的影视剧纳入无障碍电影并进行及时的传播具有较大难度，进而造成无障碍电影的时效性和覆盖力较为薄弱；三是传播渠道较为单一，在具体的实践运营层面，主要依靠传统的媒体进行常规化的报道，缺乏策划感和立体性传播渠道集群的建构，在具体平台的运营层面也缺乏头部效益，媒介渠道的联动性并不强劲，没有形成媒体资源的联动性效应；四是传播受众定位较为单一，主要面向视听障群体，虽然具有一定的样本量，但是，与传统的影视传播受众的数量相比较，仍属于较小的传播范围；五是缺乏标准化的传播评估反馈意见，由于当前没有建立系统性的传播效果反馈机制，在具体的反馈路径层面也缺乏相应的载体和条件保障，所以，特殊受众传播接受意见建议的反馈效率并不高，甚至处于缺乏状态，直接影响着无障碍电影传播的流畅度和整体效力的发挥，也影响着无障碍电影从生产到传播的紧密贯通，制约着无障碍电影生产质量的提升。以上方面的问题反映出当前无障碍电影传播推广力的薄弱，在一定程度上也影响着无障碍电影的社会影响力。传播推广力的薄弱不仅制约着视听障受众的观影体验，而且对于无障碍电影本身的社会效益的发挥也存在着一定的反向消解，制约着无障碍电影创作与传播质量的提升，对于提升视听障受众的影视文化需求满足质量也具有重要影响。

第二节　无障碍电影实践问题的归因探析

无障碍电影问题的形成具有多重维度的原因，既有外在的社会性原因，也有无障碍电影自身的本体性原因，还有特殊受众视听障群体的自身因素。梳理问题形成的原因，对于进一步把握无障碍电影的基本规律和相应对策具有重要意义。

一、社会层面的归因分析

当前，视听障群体无障碍文化服务开展存在的问题与多重社会元素的困束紧密相关。作为社会文化单元体系中的重要组成部分，无障碍电影的创作与相关社会因素紧密相关。

创作活动具有自身规律，在兼顾社会效益的同时需要进行经济效益的获取以维持创作活动的正常运转，这必然涉及市场经济等诸多因素。然而，无障碍电影的主要受众是视听障群体，这一群体相比普通群体的基数并不具备大众文化的扩展性，而且，考虑具体收益和行动便利度而言，无障碍电影更具有公益性特点。这样在一定程度上会形成社会效益与经济效益的矛盾。从经济效益考量，视听障群体的文化服务工作很难形成产业运作和商业模式，利润的捉襟见肘在一定程度上也与商业资本形成了潜在层面的间隔，而只能依靠公益化运作。这也是无障碍创作运营的基本方式。这必然需要政府资金的注入和慈善性资本的补贴，但考虑到实际情况，政府财政的配给以及相应资本的注入具有不均衡性和变动性特征，由此影响无障碍电影的稳定性和常态化，所涉及的一些微观层面的问题单靠公益也很难实现残障群体工作的面面俱到。虽然，单纯考虑社会效益，残障工作具有很好的契合性，但是，对应高细节化的具体实施和长效开展，显然需要稳定的经济层面的保障。这一矛盾实际上也决定了视听障群体文化服务层面的困境，毕竟，这些不是单靠纸面上的规划和建议，而是需要实实在在的真金白银的支撑。

就视听障群体文化服务而言，具体的开展过程需要设备的辅助、无障碍辅助技能的培训、无障碍文化产品的供给，而这些都需要多重社会要素的支撑。例如，广受视听障群体关注的无障碍电影，作为特殊供给的文化产品，由于版权、人力资源、配套设施、经济利润等多层社会因素的影响，在实效性、推广性、服务性等方面存在诸多问题，进而也影响了文化服务样本的介入与实施。也就是说，社会无障碍文化产品供给的问题直接影响着无障碍文化服务开展的质量。

另外，当前在社会层面，对于视听障群体文化的满足仍然没有引起足够的重视，“残健融合”的协同性较为薄弱。因为无障碍电影是一项系统工程，牵涉社会各方面因素比之普通创作要更为广泛，不仅需要创作主体自身的热情和努力，还需要社会各界资源的汇聚。比如，影视版权的授予不可能单靠创作主体的一己之力通过经济购买的手段完成，而是需要影视版权机构通过公益方式授予，这又牵涉相关职能部门的政策导向和爱心公益机构的引导，在完成创作之后，又需要社会团体、文化机构的协同助力推广，这必然涉及更多维的社会元素。目前，社会资源的汇聚协同度并不高，一是缺乏系统化的职能赋权机制；二是缺乏资源整合的效益共享机制；三是缺乏具体实施的创新机制。由此形成社会资源的分散，无法在无障碍电影创作与传播层面形成发展合力。所以，在一定程度上，当前视听障群体无障碍文化服务开展存在的问题也是残障群体文化服务社会困境的一个缩影。

二、本体层面的归因分析

无障碍电影是一项复杂的系统性工程，具有自身的规律和特征。不仅要具备创作活动的基本特性，而且要兼容无障碍传播的基本特点。汇聚创作活动和无障碍传播两个层面的基本特点，无障碍电影具有可及性、精准性、融合性、均等性的基本特征。可及性强调的是无障碍电影的可获得性、可适度和便利感；精准性强调的是无障碍电影的可区分性和针对性，尤其是对视听障群体特殊的生理特征的充分关照；融合性强调的是无障碍电影产品的供给能够体现“残健融合”的人文向度和仁爱价值；均等性强调的是资源汇聚和产品配给要注重机会的平等，尤其是对视听障群体文化满足权利的基本尊重，需要在普通群体的文化产品类型中予以特殊方式的文化供给与服务。

以上层面的无障碍电影本体特征决定了相关具体实践开展过程中需要进行多样性的调和，尤其是相应的创作服务设计要遵循这些基本原则，否则，会导致出现相应的问题。比如，在创作策划之初，如果不能充分考虑无障碍电影的可及性问题，不能将可获得性、可适度和便利度问题纳入整个创作体系，而只是按照普通影视创作的规律，则可能导致创作产品对应性不强的问题。与此相关的还有无障碍电影的精准性问题，在“残健融合”的基本框架之下，具体的创作行为必然要考量视听障群体与普通群体的区分，在具体的创作产品的供给方面需要突出代偿性优势；融合与均等是基于“残健融合”的考虑，两者均是对无障碍电影产品更高质量的要求，不仅要指向针对特殊受众的差异性，而且还要最大限度地将无障碍电影纳入普通创作体系，在作品创作维度最大限度地兼容普通群体与视听障群体的实际诉求时，强调创作作品最大限度地满足不同圈层的需求。同样，对于无障碍电影的认知问题、互动性薄弱问题、体验感不足问题均与创作主体对于无障碍电影的本体特征认识不到位紧密相关。所以，在一定程度上，无障碍电影自身的本体性因素也成为实践问题的重要原因。

三、个体层面的归因分析

对于无障碍电影而言，个体层面往往指向的是传播与接受的主体，创作的主体包括主办方和创作主体，接受的主体是视听残障群体，由此，具有一定专业性的文化作品创作主体和具有特殊生理性的视听残障群体需要统合在个体范畴，并在非基本普惠性文化服务供给领域找寻符合双方特征的平衡点。这就需要文化创作主体具有敏锐的无障碍意识以及对视听残障群体生理特殊性的认知；这也需要视听残障群体发挥主观能动性与创作主体的无障碍理念形成有效互动。但是，这样一个平衡点很难在当前的无障碍文化的供给环境中生成内因的主导强度。显然，当前的无障碍电影的基础性条件并不充分，对于视听残障群体特殊创作作品供给的重要性，在创作的顶层设计层面也没有引起相应的关注，而且，创作主体对于“残健融合”的文化服务模式缺乏深入性和细节性的认知。这些因素的累积归置到个体层面自然会形成专业人才匮乏、无障碍电影创作方式粗放、文化供给实施互动性不强等问题。这些问题又影响着双方之间关于文化服务的沟通顺畅，这与配套设施等问题对应起来便会直接削弱无障碍电影开展的实效性，从而又进一步弱化作为接受方的视听残障群体的兴趣，无障碍电影目标自然难以理想化实现。

在个体性归因层面，视听障群体的影视接受素养也是不可忽略的重要方面。由于视听觉障碍的生理特征与影视艺术的视听本体艺术特征具有强烈的冲突以致形成创作过程的传播鸿沟。这不仅需要创作主体发挥主观能动性予以补足，同样也需要视听障受众提升自身的素养予以辅助性弥合。显然，视听障受众的阅片量和观影经验对于提升无障碍电影作品的接受维度具有积极作用，他们的阅片量越高，观影经验自然越丰富，在此基础上，对于新作品的接受度也更为容易，理解影片内容也会更加深刻。如果再辅以影视美育知识的普及，自然效果会更好。然而，当前由于残障群体高等教育的普及率、无障碍美育供给的局限性等现实情况，视听障群体的观影经验并不丰富，对于影视知识的把握也呈现出浅表化问题，由此造成这一群体对于影视传播难以进行深刻性的把握，进一步扩大无障碍电影与受众之间的传播鸿沟，这些显然也会影响无障碍电影与视听障群体的有效沟通，进而形成无障碍电影创作存在的困境和问题。

第三节　无障碍电影实践问题的影响要素分析

影响无障碍电影创作环节的要素具有多维性，考察的基点在于无障碍电影受众的特殊性，由于他们在视觉和听觉方面的功能障碍致使他们在心理认知层面有异于普通群体，以此为基点考察无障碍电影创作问题的影响要素，离不开社会性、本体性和个体性三重维度。三重维度叠合出政策支持与配套、管理运行模式、资源优化配置、无障碍创新机制建构、视听障特殊受众等五重要素，这些要素与视听障群体心理认知方式紧密相关，都是基于这一群体的特殊生理和心理特征所形成的多维度考量，是影响具体问题的关键所在。

在政策支持与配套方面，指向的是政府公共事务体系的关注、支持和引导，这是影响无障碍电影发展的最为重要的推动力量。由于视听障群体的弱势地位，在市场经济的运行中相应的影视产品处于小众化地位，由此形成经济利益的催动力相对弱化，由此也决定了无障碍电影公益性的特征，在基本机制的建构上应该以社会效益为主，建立普惠性非基本文化服务的供给机制。这就需要以政府职能部门牵头，以相关政策和机制引导为保障，为无障碍电影提供畅通性和便利性的条件。尤其是在版权赋予层面，要建立具有法律效力的制度和政策，解决无障碍电影的基础性问题。同时，还应该建立包括激励奖励机制在内的运营体制，在创作过程中赋能无障碍电影的高质量发展。这些配套性要素对于无障碍电影的影响是直接的，也是具有积极推动作用的，在影响因素的体系中占有重要的地位。

管理运行模式指向的是创作主体的要素综合协调能力。至少应该包含以下几个方面：一是人才队伍的建设，要建立具备先进无障碍理念的专业性队伍，熟悉了解特殊受众的传播接收特点，在创作策划、具体过程和后续总结方面能够发挥重要的骨干性作用，能够为无障碍电影提供坚实的人力资源支撑；二是创作资源的集约汇聚，能够建立无障碍电影资源的提供渠道，多措并举，最大限度地吸纳更多的无障碍电影原本，同时，能够联合社会力量，形成无障碍电影的合力；三是创作内容的宣传推广，要建立立体化的创作成果传播体系，畅通特殊受众与无障碍电影成果的连接渠道，并做好具体成果的有效推广，建立无障碍电影的良好社会形象，这是影响无障碍电影提升的增长性元素，需要重视和关注；四是创作流程的优化组合，无障碍电影是一项系统性工程，从前端的创作策划到中端的内容生产、平台建设再到后端的传播推广、产品衍生和受众反馈，都需要进行一定流程的组合和系统化的梳理，在一定意义上而言，创作流程的流畅化建构对于无障碍电影的创作质量影响举足轻重；五是创作成果的扩展衍生，无障碍传播的高质量要求需要无障碍电影产品进行多元化拓展，包括具体形态的变革，根据视听障受众的生理特征和特别需求，衍生其他更具精准性的产品形态，以更加便捷地满足特殊群体不断变化的具体诉求，以最大限度地发挥无障碍电影成果的社会效益，产品衍生要素对于无障碍电影的质量提升具有新兴增长极和功能拓展的积极作用，也是不可忽略的重要影响因素之一。

资源优化配置强调无障碍电影的财力资源、人力资源、物力资源和社会资源的有效协同，这些资源的汇聚、整合和优化对于无障碍电影的影响作用明显。财力资源是无障碍电影的基础性资源，虽然无障碍电影具有公益性特征，但是多个环节的创作活动也需要一定的资金保障，否则无法顺利开展。人力资源的专业性直接影响创作内容的质量，由于无障碍电影的改造具有专业性门槛，需要专业性人员的辅助。比如，手语翻译就具有一定的难度，非专业人员无法进行精准的对应式阐释。这些专业人力资源的配备与创作质量有着直接的关联，是重要的影响要素。物力资源的保障包括配套设施、平台建设、办公用材等，这些元素直接影响着无障碍电影的策划、生产、推广、衍生等环节，属于无障碍电影的基础性要素，也是建构无障碍电影基本形态的决定性因素，是无障碍电影资源优化的重要方面。社会资源涉及行政职能部门、影视制作机构、高等院校、公益性社团、公共文化服务场所、企事业单位等社会各界的资源，影响着无障碍电影的具体过程，在一定程度上而言，社会资源的汇集度和协同度决定着无障碍电影流程的顺畅度和产品推广的时度效，是无障碍电影的外在性影响要素。

无障碍创新机制建构是无障碍电影的特色，也是整个创作的核心要素，对无障碍电影质量发挥着决定性的作用，具有重要的影响。在整个创作流程中，必然涉及创作多项环节和多维内容的无障碍处理，这必然形成无障碍电影机制的建构。与传统的影视创作环节对比，无障碍电影机制的建立需要进行一些创新化的处理，由此形成普惠性非基本无障碍电影的创新机制建构。无障碍电影文化创作是面向视听障群体的普惠性非基本公共文化服务的重要部分，是指为满足残障群体更高层次的文化需求、保障社会整体福利水平所必需但市场自发供给不足的经过无障碍传播手段改进的影视文化公共服务类型。“非基本”是普惠性的定语前置，指向的是普惠性的服务对象和范围约束；普惠性是“非基本”的价值落点，体现出非基本公共文化服务的创新聚焦，如何实现“非基本”的普惠性是无障碍电影文化服务的着力点。普惠性与“非基本”的内在逻辑关系决定了无障碍电影文化服务的可持续发展需要公益性与市场化相结合，最终实现高质量与低价格两大要素的融合共生，这也是无障碍电影文化服务的创新性所在。普惠性非基本无障碍电影创新机制的建构主要分为以下几个方面：一是在管理机制层面进行复合管理重塑，从整体上理顺管理职能、不同管理层之间的关系；二是在资金投入层面建立众筹汇聚机制，分销服务产品的价格压力；三是在实施主体层面强调多元协同，激发相关领域的积极性，通过各方本职工作的统筹协作，形成效益集合；四是在具体实施层面突出平台的依托性和示范性，以点带面，打造接地气的项目抓手；五是在传播接受层面建立受众主体地位，畅通服务双方的互动渠道，增强服务的体验性；六是建立管理牵头、实施主体、平台载体和传播接受的统合机制，形成无障碍电影文化服务的常态化机制和长效化目标。

在视听障特殊受众方面，指向的是无障碍电影受众的特殊性。由于这一群体与普通群体在生理方面有所区分，进而影响着整个创作流程的差异性。在创作策划阶段，市场分析不能仅仅局限在经济利益方面，而且要充分考量公益性的社会效益；在创作理念、运营策略和产品定位方面也要紧紧围绕特殊群体视觉和听觉障碍的生理现实进行精准对位，尽量提升创作策划的针对性和有效性。在创作内容方面，与传统的创作方式相区分，需要对创作内容进行无障碍化的改造，比如添加口述影像、手语翻译、字幕等，以便利视听障受众欣赏影片；在影片的选择上，由于版权限制，无障碍电影创作的时效性往往相对滞后，面临着影片题材单一、时度效弱化、内容更新缓慢等问题。在创作平台的建设上，无障碍电影与传统创作方式相比较，体现出创作主体数量少、数字化平台建设转型慢等问题。虽然近年来由优酷、腾讯、爱奇艺等头部网络平台牵头，开辟了一系列无障碍电影观看平台，但是，从整体来看，面向视听障特殊受众的创作平台建设尤其是数字化转型仍然任重道远。一方面缺乏市场经济利润的刺激，另一方面，特殊受众的生理特征以及相应的版权授予都是形成以上问题的重要原因。值得注意的是，回归到视听障受众的本体，他们的“观影”审美素养培育与提升对于无障碍电影也有着重要的影响，与普通群体不同，视听障受众的视觉障碍和听觉障碍在影视信息的接收上存在相应的局限性，由此而形成影视创作传播的信息阻隔，进而形成受众与创作内容之间的传播鸿沟。要实现两者之间的传播通畅，显然需要视听障受众去发挥主观能动性，以“观影”经验的积累和阅片数量来提升对无障碍电影内容的接受度，进而提升两者之间的影视信息传播质量。

第六章　基于视听障群体心理特点的“观影”效果实证调查

第一节　视听障群体的心理认知特征

一、视障群体心理认知的特点

视觉障碍是视障群体的主要生理特征，这为他们接收外界的视觉信息形成了阻隔，由此，视障群体的认知活动主要依靠听觉、触觉、味觉、嗅觉等其他感知觉能力来形成补足，尤其是手作为重要的触觉和动觉器官，在外界信息感知的过程中发挥着重要作用。这一特殊性也给视障群体带来了心理感知的变化，在触觉、视听觉、空间知觉、形象思维、语言思维等多维层面与普通群体形成了鲜明的区分。

1. 触觉能力发达

视觉障碍的特殊性为视障群体的触觉强化提供了更为宽阔的空间。因为视障人士要通过身体他觉能力的感知来弥合视觉障碍带来的信息接收的阻碍。在感官信息接收的过程中，一般而言，个体首要接触的是视觉信息，但是，视觉障碍形成的信息阻隔让视障人士只能发挥其他感官功能的补足性作用，最为便利的感知觉就是听觉和触觉，当听觉无法理解外在事物的具体形态和情景的时候，视障人士会自发通过手脚的出动来完成外在视觉信息缺失的补足性弥合。于是，他们会通过手脚等主要肢体来感触外物并形成心理判断，这在一定程度上有效锻炼了视障人士的触觉能力，经过一定频次的强化，视障人士的触觉能力慢慢成为他们感知外在世界的主要感官功能。

由于视障人士肢体触动的积极化，经过一定时间潜移默化的锻炼，在触觉能力方面，视障群体要比普通人的感触力更高。尤其是对大小、形状、温度、比例、方向、结构等元素的感触比较敏感，在心理感知层面对物体的属性能够迅速形成较好的辨知。而这种敏感的触觉能够与影视艺术中的具体道具和场景形成通感连接，进而为视障人士在身心层面深度理解无障碍电影内容夯实了基础。

2. 视听觉功能强大

视觉和听觉是感知觉体系中最常用的两种类型，视觉障碍必然给听觉的使用带来更多的机会。在外来信息刺激时，视障人士首先会对听觉倾注更多的注意力，由此，对声音的信息感知也更为丰富细致，这在一定程度上又增强了视障人士对声音的分析和选择能力；由于视障人士对声音的注意力较强，进而在心理感知层面形成对声音元素的坚固印记，让听觉记忆力更为持久。比如在盲人足球运动中，足球中都会装入特殊的铁盒，这样可以让视障人士凭借足球在滚动时发出的声响来判断足球的位置。由于视障人士对声音元素的感知比较敏感，注意力和记忆力的坚固和持久为视障人士的想象和联想的精准性提供了有效空间，所以，面对外界信息的传播，视障人士对于一些听觉层面的细节更能激发关于声音的想象力和联想力，比如声音的语调、音色，音乐的旋律和节奏等，都能够让他们联想到更多层面的意蕴，并与自身的经验形成契合，在此基础上，完成对无障碍电影内容的深度理解。

综上，视障群体听觉的强大功能主要体现在较强的声音分析与选择能力、持久的听觉记忆能力和丰富的声音想象能力。以这三种能力为支点所建构形成的强听觉功能又成为视障群体欣赏影视作品的重要基础，也是不可忽略的重要切口。

3. 空间知觉敏锐

视障人士在视觉层面的遮蔽与其他感知觉的彰显形成了人与物之间的空间感。无论是听觉、触觉、嗅觉还是运动觉等，它们所标记的关系特征都是建立在视障人士与周围所形成的方位关系上，包含视障人士对物体所在的地理位置的判断以及自己所处空间位置的定位，这在一定程度上也强化了视障群体的空间感，在触觉、听觉、嗅觉和味觉联感的前提下，视障人士通过对人与物以及所处地理位置关系的敏锐感知，进而形成具有一定立体性的空间感知力，这与以空间艺术为主要特点的电影艺术恰好形成紧密的契合。在他们欣赏电影艺术的过程中，这一心理认知的特点为他们深入理解电影中的空间场景带来了可能，他们可以通过无障碍手段的辅助发挥联想和想象的功能来实现对影视具体空间场景的理解，由此，这也为无障碍电影的可行性奠定了生理和心理层面的认知基础。

4. 语言思维敏感

由于视觉障碍，视障人士对视觉表层的元素感知薄弱，由此也形成了对第二信号系统的注意力更为敏锐，按照巴甫洛夫学派生理学的界定，第二信号系统是现实的抽象刺激，即语言文字。而第一信号系统则是现实的具体刺激，如声、光、电、味等具体信号。视障群体具有较强的语言思维能力，能够通过语言、文字、有特殊意义的符号等抽象信号引起的条件反射，理解更具延伸性的意义。比如，谈虎色变是因为语言的传递引起的相应的反射，画饼充饥则是因为饼作为符号形成了一定的感知含义，进而形成触感。

但值得注意的是，这些联想和感知是建立在他们生活经验的基础之上，视觉功能的障碍对他们的语言发展还是有一定的影响的，主要表现在构音障碍和词义理解层面缺少表象，在弥合的过程中，主要通过听觉渠道进行强化性的辅助理解，进而实现语言多维度的把握。这些语言思维的特征对于视障群体欣赏艺术的过程具有一定的影响，也是无障碍电影受众心理感知所应该注意的内容。

5. 形象思维薄弱

需要注意的是，视觉障碍对个体的心理感知具有较大的影响，尤其是视觉信息接收的遮蔽，在一定程度上必然导致个体对具体事物的感知受到局限。因为视觉是人最为常用的感知觉功能，在与外界沟通的过程中，视觉功能发挥着举足轻重的作用。在心理认知的过程中，一般而言，视觉信息的接收是首要环节，人在第一时间接收到视觉信息，然后，经过信息的处理形成形象性的思维认知，进而产生人与外界事物之间的理解关系。然而，视觉障碍的生理特征带来的是认知层面视觉信息的遮蔽，由此，视障人士在具体的形象推理上也往往容易产生错误的判断，形成形象思维认知的薄弱问题。而且，视障人士对以语言词汇为代表的第二信号系统感知敏锐，词汇的增量与现实物象表层形象的经验匮乏形成反差，进而在形象思维理解层面又进一步形成能力层面的弱化。比如白雪皑皑、风起云涌、勇立潮头、山清水秀、大气磅礴等形象性较强的意象往往难以被视障群体理解，无法形成生动形象的体味，也是无障碍电影内容口述影像介入所需要关注的重点问题。

6. 兴趣点集中度较高

视觉障碍的生理特征对视障人士的兴趣点影响较大，从感官功能的便利度考量，他们往往对声音具有较强的兴趣，与此相关的音乐、广播剧、有声书等艺术产品是他们日常文化满足的重要路径。在欣赏艺术作品的过程中，他们往往对声音艺术更为敏感，在此基础上，能够通过声音的情感表达想象具体的情景，进而形成艺术观赏的心理认知内容。

视觉的障碍让视障人士的思维也与普通群体相区分，相比较理性思维，他们更擅长基于联想和想象基础之上的感性思维，所以，他们对于文科特点的信息接受度和趣味性比之理科类信息的接受程度要更高。由于他们的触觉也相对发达，在一些特殊兴趣方面他们更倾向于以爱摸、拆装等为主的活动。

不难发现，虽然他们有自己的兴趣点，但是，由于视觉障碍的生理特征，比之普通群体仍然具有一定的局限性。他们的兴趣点往往与感知觉功能的强弱休戚相关，而且能够通过感官功能的作用发挥形成互补，具有一定的规律性和代偿性特征。整体而言，与普通群体相比较，视障群体的兴趣点并不广泛。

综上所述，视障群体在心理认知层面的能力与普通群体具有明显的差异性，他们的听觉分辨能力、触觉能力、嗅觉能力较强，由于视觉障碍形成了他们对某一感官能力的集中注意，于是，与视觉信息关联度不高的语言模仿能力、听觉记忆能力都相对较强。但是，视觉能力关联紧密的定向行走能力、应变能力、操作能力、适应社会的能力相对薄弱。这些特点对无障碍电影的理论建构和具体应用也造成了一定程度的影响，在创作和传播过程中需要创作主体规避视障群体感官能力薄弱的地方，充分发挥部分感官功能的强项，对视觉障碍的局限性形成补足。

二、听障群体的心理认知特征

由于听力障碍的生理特征，听障人士在感知觉层面以代偿性互补的方式来弥合听力障碍带来的认知局限，在这个过程中，会形成在视觉依赖、动觉感触、认知维度、思维方式、社交仪式等各方面与普通群体的明显区分，进而形成心理感知特征的区分性，形成对无障碍电影接受层面的影响。

1. 对视觉依赖度较高

由于听障人士的听觉障碍，在心理认知层面首要的便是通过视觉渠道来完成对外界信息的接收。所以，以目代耳是听障人士感知觉层面突出的特点，眼见为实是听障人士接收外来信息的有效策略。这与普通群体的综合感知效应有着鲜明的区分。与普通群体相比，听障群体在视觉层面拥有更高的敏锐度、搜索力、记忆力和表象力，他们更能够分辨视觉系统中最小的物体和事物的细节，从众多的视觉刺激中捕捉有效的信息，这为电影艺术影像画面面向听障群体的叙事表达提供了有效路径，对相应的辅助手段也产生了重要的影响，比如，手语翻译和字幕添加等无障碍手段便是遵从听障人士依赖视觉感知功能、对视觉信息较为敏感的认知特征的具体体现。

值得注意的是，听力障碍的生理特征也影响着听障人士的视知觉能力，虽然他们对视觉通道的依赖度较高，但是，在生理层面，单一“感觉道”的反应时间比非单一“感觉道”的反应时间短，听障人士由于没有听觉信息的干扰，因此对外界的信息的反应时间会呈现出减少的倾向，进而与普通人的视知觉反应速度相比会稍显滞后，但是，随着年龄的增长，听障人士的视觉反应速度会逐渐与普通人的差距越来越小。所以，年龄要素对于听障人士理解电影艺术的内容也具有重要的影响。

2. 动觉感知高度敏锐

听觉障碍的生理特征让听障人士无法借助听力通道去接收外界信息，于是，视觉通道成为听障人士理解外界事物的首要载体。在视觉信息的接收过程中，听障人士补足听力障碍的路径又细化为对动觉的精锐感触。因为听觉的遮蔽让视觉和触觉成为听障人士理解外界信息的首选渠道，毕竟，味觉和嗅觉具有一定的领域限定，而视觉和触觉的频次相对较高，具有鲜明的随时化特点，所以，在理解外界信息的过程中，听障人士的视觉与触觉会交叉并用，形成感知合力。比如，他们可以通过视觉渠道观看他人的口型来理解声音的含义，由此生成专门对应听障人士的无障碍传播手段——唇语，唇语的原理就在于通过动觉和视觉渠道进而刺激听障人士产生对声音表情达意的理解，由此，动觉也被人称为“动觉听觉”。动觉感知的敏锐性成为听障人士学习语言内容的主要通道，也是理解电影艺术声音画面的重要路径。

3. 思维方式呈现形象化和动态化特点

听力障碍对听障群体的思维方式也产生了较大的影响，由于听觉信息的遮蔽，听障人士在认知理解和表情达意方面更依赖事物的具体形象，而对抽象的概念明显掌握困难，直观的表现就是在词汇能力发展层面明显落后，尤其是在词汇量、词义理解和表达方面存在着一定差距。比如，听障人士在表达“医生”这个词的时候，他们无法进行抽象的直接表述，而是通过“打针”“听诊”等具象化的动感词汇来表达。在注重具体化物象呈现的同时，听障人士也更倾向于采取动作演示的方式来表情达意，并与具象化的呈现方式相辅相成。于是，在与听障人士的沟通过程中，具体的物象转译和动作阐释成为主要的交流手段，形成心理认知层面的有效路径。

4. 注意力和记忆力较为薄弱

听障人士的注意力与普通群体有所区分，无意注意往往占据主导地位，发挥着主要作用。但是，有意注意却发展较为迟缓，因而，听障群体注意的稳定性较差；听障群体的记忆力与普通群体也有较大的不同，听障人士因为从听觉渠道获得的信息减少，所以增强了对视觉信息的依赖，由此，视觉记忆相比而言更占优势，他们的形象记忆好于语词记忆。但是，由于语词理解和语言表达困难，涉及抽象材料如词语等视障群体明显居于弱势地位，对这些材料的记忆往往较为困难，机械记忆多，理解记忆少，记忆过程较慢，但是遗忘较快，整个记忆的内容呈现碎片化的特征，有声语言发展滞后，书面语言发展也较为困难，进而影响整个记忆力的维度，不仅与普通群体，就是与视障群体相比，深入理解学习内容的难度也更高。

5. 社会人际交往融入度不高

由于听力受损，听障人士的语言表达和理解能力会受到一定程度的局限进而形成社交沟通的障碍。对比社交过程对视听觉交互运用的综合性，显然听障人士在信息对称方面具有明显的弱势性，当沟通难以通畅的时候，听障人士往往会出现急躁、焦虑的负面心理情绪。而且，听力障碍也会增加听障人士与普通群体之间沟通交流的难度，在一定程度上自然影响双方的交流频率和沟通频次，难以具备产生深厚友谊的基础。另外，注意力的过度集中让听障群体更具人际交往的敏感性，容易过度在意别人对自己的态度，进而形成彼此之间的多疑猜忌，也会影响人际交往的质量。

这一人际交往的局限性主要是由于听障群体因为听力障碍进而影响了知觉的范围所引起的，由于他们的知觉范围相对常人狭窄，所以，在知觉选择性、系统性与准确性方面都相对弱势，反映到他们与普通人群的具体交际层面，则因为知觉范围与信息接收的不对称，往往会形成彼此沟通交流的误解化，进而影响听障群体社会人际交往的有效程度。

需要引起注意的是，电影艺术具有鲜明的社交性特征，在无障碍传播的层面又需要充分考量这两大要素的契合度和融入感。所以，听障人士在社会人际交往层面的局限性需要引起创作和传播主体的重视，采取多举措方式进行障碍的消解与代偿性补足。当然，随着医疗技术的进步，听障群体在人工耳蜗技术、助听器等辅助设施和技术手段的帮助下可以实现听觉的发展并实现与普通群体的音位识别相差无几的听觉能力，这为听障群体弥合社会人际交往的隔离感带来技术的支撑，同时，也为听障人士“观赏”无障碍电影的无障碍环境和辅助手段的建构印证了无限可能。

综上所述，听障群体由于特殊的生理条件形成心理认知层面的差异化，在感知觉倚重、动觉强化、思维方式、注意力和记忆力以及社会人际交往融入度方面都与普通群体乃至视障群体有着明显的不同。尤其是对于视觉信息细节的敏感性和动觉敏锐的感触性，形成听障群体特殊的心理认知特征。这些心理认知差异直接影响着听障群体的艺术欣赏习惯和审美态度，对于无障碍电影的理论建构具有生理和心理层面的启发意义，尤其是对于手语翻译和字幕添加等无障碍手段的身心机制基础、介入逻辑、审美意义等具有阐释性的基础意义，为无障碍电影理论的具体分析和实践应用提供了研究切入的基本视点。

第二节　基于定性研究的无障碍电影接受影响因素的确认

无障碍电影的理论建构与应用创作的落点在于视听障受众的“观影”感知，这也是决定视听障受众接受质量的重要元素。也就是说，在无障碍电影体系中，视听障受众占据相当重要的地位，在相应的研究过程中，也应该建立视听障群体主体地位的创作机制。从创作到产品内容再到特殊受众的接受，形成较为完整的无障碍电影链条。

为了更好地明晰影响视听障群体的无障碍电影接受的影响元素，笔者特选取具有一定代表性的视听障人士进行焦点小组方法的座谈，以此进一步验证初选因素的客观性和准确度。在人员的选择上主要以视听障大学生为主，适当兼顾部分已经工作的视听障人士代表。之所以选取视听障大学生作为调研对象，主要考虑他们具有一定的知识文化素养，观影样本量较高，可沟通的顺畅度较高，具有较好的培养和训练潜力。在焦点小组实施的过程中，笔者从滨州医学院、北京联合大学、长春大学、南京特殊教育学院、西安美术学院、重庆师范大学、天津理工大学、郑州师范学院、绥化学院等 9 所本科院校的视听障大学生群体中抽取部分代表，同时，从浙江省宁波市黑乐文化传播有限公司、浙江省宁波市黑乐有声工作室、浙江省宁波市黑乐社区、福建省泉州市盲人协会、山东省烟台市高新区育儿王母婴调理中心等机构中抽取了部分已经工作的视听障人士作为社会层面的调研样本，以完善焦点小组讨论结果的客观性。焦点小组的访谈与探讨，主要围绕视听障群体对无障碍电影观看以及接受影响因素展开。在具体的实施过程中，笔者共召开 5 次焦点小组会议，均面向视障和听障群体，具体如下。

一、基于焦点小组方法的定性分析

（一）第一次小组会议

1. 讨论议题：视听障群体对当前无障碍电影的问题与对策分析

2. 参加成员名单：

浙江省宁波市黑乐文化传播有限公司法人王彦龙

福建省泉州市盲人协会副主席蔡聪渠

长春大学2020级针灸推拿专业王亚南

南京特殊教育学院2021级音乐学专业朱涛

西安美术学院2020级工艺美术专业何如君

北京联合大学2020级针灸推拿专业滕雪媛

3. 焦点小组方式：腾讯会议

4. 访谈时间：2022年10月26日

5. 讨论内容：

一是无障碍电影创作的薄弱问题分析。与会人员从服务内容的实效性、服务受众的体验性、服务供给的协同性、经济投入的持续性、工作机制常态化和服务项目的重点化等方面探寻无障碍电影文化服务的薄弱问题所在，并分析问题的成因，进而确认无障碍电影文化服务工作改革创新的迫切性和可行性。

二是对无障碍电影高质量发展的建议，主要集中在以下方面：充分发挥职能部门的牵头作用，形成多部门协同机制；调动多方力量分销无障碍电影的费用，降低视听障群体的观影成本；提升创作文本的质量，注重增强体验感；打造多层次“观影”场域，最大限度便利视听障群体“观影”诉求的实现。

三是对于具体实施路径的探讨，主要集中在以下几个方面：实施“五个一”（一厅一馆一院一区一台）无障碍电影文化服务创新工程，即选取部分商场影院每院建设1个无障碍影厅；依托城市文化馆和图书馆建设至少1处无障碍电影馆；依托驻地高校建设至少 1 所无障碍电影美育书院；每年依托城区街道实施露天无障碍电影进社区活动；依托城市广播电视台建设 1 个无障碍广播影视频道，探索助力无障碍电影服务的高质量发展。

（二）第二次小组会议

1. 讨论议题：视听障群体对影响“观影”质量的因素探讨

2. 参加成员名单：

山东省烟台市高新区育儿王母婴调理中心培训师刘聪

浙江省宁波市黑乐文化传播有限公司配音导师秦瑞

滨州医学院 2021 级针灸推拿专业徐佳媛

滨州医学院 2021 级针灸推拿专业裴思齐

长春大学 2021 级视觉传达专业朱小林

重庆师范大学 2021 级特殊教育专业董兰可

天津理工大学 2021 级设计学类专业李一

3. 访谈地点：腾讯会议

4. 访谈时间：2022 年 12 月 23 日

5. 讨论内容：

一是与会人员认为在视觉和听觉障碍的生理前提下，心理因素对特殊受众的“观影”质量的影响举足轻重。基于感官代偿的功能机制，视听障人士可以通过感官注意、想象与联想、共情等心理认知的路径来理解影片的内容和主旨。在一定程度上而言，无障碍电影创作的基础逻辑在于对特殊受众生理与心理元素的精准把握。有 76.3%的受访者认为，在视障与听障的特殊生理前提下，心理层面的艺术感召与刺激是催动特殊受众与无障碍电影实现共情的重要路径；94.7%的受访人员认为，在对剧情的理解中，给予心理注意和认知层面的想象与联想对于深入理解无障碍电影行之有效。

二是与会人员较为集中地认知，“观影”素养与经验对有效理解影视艺术具有重要影响，“观看”电影的频次越高，阅片量越多，在“观看”无障碍电影的过程中理解电影主题意旨的难度就越低；同样，具备一定的电影艺术

5. 讨论内容：

一是问题探寻。与会人员从运营方式、管理模式、资源汇聚、文本创作、受众体验等方面对当前无障碍电影发展存在的问题进行了探析。他们认为当前无障碍电影的运营方式主要以公益性为主，缺乏市场刺激而在“观影”质量满足方面存在短板。无障碍电影的管理模式并没有形成制度化，进而难以实现规范化，由于无障碍电影的发展还没有建立较为完备的体制机制，相应的管理也较为薄弱。在汇聚上，无障碍电影的发展并没有形成合力，创作机构分散，社会资源的集聚度不高，资源集合程度较弱。在文本创作层面，由于片源以及版权和专业力量等因素的困束，在具体的创作质量层面存在参差不齐的现象。目前，无障碍辅助手段的添加依然以口述影像、手语和字幕为主，开拓创新度具有较大的发展空间。在受众体验方面，与会人员认为，视听障群体“观影”的仪式感、共情力、理解度等方面感触力较弱，在效果的评估和反馈方面至今也没有形成较为完善的体系建构，在体验感的强化方面仍存在较大的改进空间。

二是归因分析。与会人员从经费保障缺位、资源布局分散、管理引导薄弱、创作理念滞后、传播方式单一等方面探寻问题归因。在经费保障方面，由于当前无障碍电影创作的资金来源主要以政府财政和公益资金为主，并没有形成市场经济循环的有效支撑，无障碍电影创作的经费保障并不充分；在资源布局方面，由于缺乏统一、精准的规划，从而形成资源汇聚的分散，难以形成合力；由于当前并没有专门的管理部门来引导无障碍电影的创作，进而造成无障碍电影管理薄弱的问题；无障碍理念的确认是一项系统性工程，需要专业的力量专门研究并予以扎实践行，当前无障碍电影的创作理念进展并不快速，与视听障群体快速增长的文化需求并不相称，从而造成一系列创作问题；在传播层面，无障碍电影的特殊性造成具体的传播方式相对单一，传播内容受困于版权局限，传播主体数量较少，传播渠道主要以公益性的专项播出为主，传播受众固定，以视听障群体为主，传播效果与反馈机制薄弱。

三是问题破解机制的探讨。与会人员经过讨论、交流，针对问题与归因形成以下机制：第一，普惠性非基本文化运营机制。包括可及性与均等化的需求驱动、精准性与重点化的服务供给、公益性与市场化的价值共创、高质量与低价格的融合共生。第二，复合管理重塑机制。包括职能部门的政策配套、法律保障、规范制定、内容引导、实施协调、组织调度等。第三，资源汇聚协同机制。包括资金投入层面的众筹机制、创作主体层面的多元协同机制、专业无障碍传播人才队伍的培训与培养、文本内容层面的多方汇聚机制等。第四，文本创作艺术创新机制。包括无障碍文本内容与艺术形式的创造性统一、本土创作传统的传承与创新、外来经验的汲取与借鉴等。第五，传播接受体验提升机制。包括无障碍电影“观赏”环境的打造、“观赏”辅具的设计与配备、影视美育素养与“观赏”经验的培育、视听障受众互动反馈渠道的畅通等。

（五）第五次小组会议

1. 讨论议题：视听障群体对当前无障碍电影的满意度与体验感

2. 参加成员名单：

浙江省宁波市黑乐有声工作室配音员方炳勋

滨州医学院 2021 级口腔医学技术专业李向

滨州医学院 2021 级口腔医学技术专业黄佳俊

绥化学院 2021 级电子商务专业王淦淼

北京联合大学 2020 级视觉传达设计专业司先贺

长春大学 2020 级视觉传达专业高昕宇

长春大学 2020 级动画专业王敬钰

重庆师范大学 2020 级特殊教育专业刘雯雯

3. 访谈地点：腾讯会议

4. 访谈时间：2023 年 5 月 15 日

5. 讨论内容：

一是受访人员对于当前无障碍电影基本满意，尤其是“光明影院”等品牌机构创作的作品，基本上能够满足日常的“观影”需求。但在影片播出的频次性、常态化和时效性方面仍需改进，而且“光明影院”的作品覆盖面有限，网络平台无障碍电影播出的贡献度和开发性仍有较大的发展空间。

二是受访人员在无障碍电影的体验性方面满意度相对较低，主要集中在视听艺术的审美愉悦度体味不足；无障碍观影场域的仪式感弱化；无障碍电影供给的均等化程度不够；无障碍电影供给的精准性不强。有 86.8%的受访人员表示，由于创作人员和制作机构的水平参差不齐，在口述影像等方面存在质量不平衡问题，甚至有部分作品制作相对粗糙，而且，由于版权的困束，观看当前热播影片的难度较大，这都影响着视听障受众的“观影”体验感。有 81.5%的受访人员表示，由于特殊的生理条件的束缚，视听障受众像普通观众一样到影院“观影”存在一定的困难。与此相对应的是，传统影院的观影仪式感也难以为视听障受众所体味。虽然，以“光明影院”为代表的无障碍电影创作的公益机构和公益影院举行一定频次的特殊受众“观影”，但是，覆盖面毕竟有限，无法从根本上解决视听障受众“观影”仪式感的问题。有 68.4%的受访者认为，当前无障碍电影的供给存在不均衡现象，直接导致视听障群体无法公平、可及地获得大致均等的影视文化公共服务，在一定程度上而言，特殊群体的“观影”机会并不均等，由身体生理层面的障碍造成了无障碍电影的传播具有一定的阻碍性，由于版权等一系列问题的困束，相应的传播环境也并不完善，由此造成均等化的发展程度相对较低。有 57.8%的受访者认为当前无障碍电影的供给细化程度较低，由于片源少、普及度不高等，无障碍电影对应视听障受众难以形成需求满足的精准性对应，比如，喜剧、悬疑、科幻类型的影片为视听障受众所喜爱，但在具体的供应上很难实现数量上的充足；同时，在传播渠上，视听障受众的需求也呈多样化趋势，需要精准定位，目前，无障碍电影的传播还存在粗放化现象。

二、基于深度访谈方法的定性分析

（一）访问对象

浙江省宁波市黑乐文化传播有限公司法人王彦龙

福建省泉州市盲人协会副主席蔡聪渠

浙江省宁波市黑乐有声工作室后期制作组长刘昌辉

浙江省宁波市黑乐有声工作室配音师王慧玲

滨州医学院 2021 级针灸推拿专业郭浩宇

滨州医学院 2021 级针灸推拿专业姜辉

长春大学 2019 级针灸推拿专业孙文文

长春大学 2020 级针灸推拿专业李梦萍

长春大学 2020 级针灸推拿专业尹煜坤

长春大学 2020 级针灸推拿专业梁振

长春大学 2020 级康复治疗学专业侯龙晓

长春大学 2020 级康复治疗学专业张爽

北京联合大学 2020 级针灸推拿专业郑石

北京联合大学 2020 级针灸推拿专业汤碹

北京联合大学 2020 级音乐学专业谷雨

北京联合大学 2020 级音乐学专业王澎浩

北京联合大学 2020 级音乐学专业郑慧明

北京联合大学 2020 级音乐学专业陈旭

南京特殊教育学院 2020 级心理学专业黄侃

长春大学 2020 级动画专业王文凤

长春大学 2020 级动画专业王敬钰

长春大学 2020 级视觉传达设计专业高昕宇

长春大学 2020 级视觉传达设计专业潘玉珈

长春大学 2020 级动画专业侯法圣

天津理工大学 2020 级产品设计专业刘进

绥化学院 2020 级电子商务专业王凤

滨州医学院 2021 级口腔医学技术专业刘泽浩

天津理工大学 2021 级设计类专业辛光娟

长春大学 2021 级视觉传达设计专业朱晓琳

绥化学院 2021 级电子商务专业王淦淼

滨州医学院 2022 级口腔医学技术专业陈凯旋

长春大学 2022 级动画专业郎俊宁

长春大学 2022 级动画专业张艺潇

天津理工大学 2022 级设计学类专业赵微

郑州师范学院 2022 级美术学专业刘政

滨州医学院 2022 级口腔医学技术专业梁明耀

长春大学 2022 级视觉传达设计专业尹天奇

绥化学院 2022 级环境设计专业何亚文

（二）访谈提纲

1. 您去过的影院都有哪些无障碍设施？

2. 您观看的无障碍电影都采取了哪些无障碍传播学手段？

3. 您比较喜欢哪些题材内容的无障碍电影？

4. 您觉得面向视听障群体的无障碍电影有哪些与众不同的地方？

5. 当前的无障碍电影有哪些地方让您觉得不方便，或者存在理解的障碍？

6. 您认为有哪些因素影响视听障受众的“观影”质量？

7. 对当前的无障碍电影，您觉得哪些地方还有待改进？

（三）访谈分析

对于无障碍影院的设施配置，通过深入访谈发现，近 50%的受访人员从未到过影院或者较少去影院，90%的去过影院的受访者表示影院没有任何的无障碍辅助设施，有 20%的去过一线大城市影院的受访者表示，影院特别为视障受众开辟了特殊声道，提供口述影像服务。值得注意的是，影院为听障受众开设的无障碍设施较少，只有少数专场为听障受众准备了手语翻译，或者通过特别制作并添加手语和字幕的无障碍电影的播放来满足听障受众的观影需求，但是，在受访人员中占比不足 30%。综合以上信息，可以发现当前影院的无障碍设置配置滞后，而且发展不平衡，往往在一线大城市相关配套较为完备，这些直接影响着视听障受众的观影频次和质量。

对于无障碍电影的无障碍传播手段，受访人员的认知集中度较高，有80%的受访者认为口述影像、手语翻译和字幕添加是无障碍传播的主要的三种基本手段；有30%的受访人员认为，随着视听障受众观影诉求的日益提升，应该着力于丰富无障碍传播的表现手段，引入新兴的数智化技术，进一步提升特殊受众的“观影”体验感。这在一定程度上反映出当前无障碍电影的创作基本上趋于稳固化，具有一定的成熟性特征，但是，这也侧面反映出在新的发展背景下，无障碍电影的开拓创新性的不足，需要在完成可及性的同时注重体验感的建造。

对于喜欢的无障碍电影的创作题材内容，94.7%的受访人员表示，对当前热播的大片关注度较高。对于具体的题材类型排在前四位的是喜剧（92.1%）、科幻（86.8%）、悬疑（78.9%）和青春校园（73.6%）。值得注意的是，39.4%的受访受众表示他们对艺术电影具有浓厚的兴趣，由于艺术电影的叙事节奏较慢，对无障碍电影的创作具有更大的发挥空间，能够给特殊受众更多的时间去进一步理解口述影像和手语以及字幕的翻译和解释所蕴含的意义。

对于无障碍电影的独特之处的认知，受访人员形成了较为集中的意见：一是无障碍电影受众的特殊性。与传统的普通影视的受众不同，无障碍电影主要面向的是视听障群体，他们在视觉和听觉方面存在传播接受层面的局限性，需要进行无障碍手段进行影片内容的辅助性理解。与普通受众相比，视听障受众具有生理和心理双重特殊化的特点，在生理层面，他们存在着视觉和听觉的感知障碍；在心理层面，他们在认知层面上需要借助他觉的互补和联想、想象来形成代偿性的弥合，这与普通受众的生理与心理认知特征有着明显的区分。二是无障碍电影传播的独特性。由于面向的受众不同，在无障碍电影传播层面与普通电影传播形成了明显的区分。在传播内容方面，由于版权和受众生理的特殊性的困束，相应的影片内容也具有一定的局限性；在传播主体方面，由于可及性的无障碍传播要求，传播主体需要具有一定的无障碍专业素养；在传播渠道方面，由于受众的特殊性，往往以精准的专场作为主要的传播阵地；在传播效果评估与反馈方面，由于视听障人士属于小众化群体，具体的效果和反馈较为薄弱，需要进一步强化。三是无障碍电影审美特征的差异性。与传统的电影相比，无障碍电影的视听审美更具代偿性特征，这主要是因为视听障群体的生理障碍而通过口述影像、手语和字幕等无障碍手段的弥合形成的视听联觉、声景构型、手绘声型、流动释义等新的视听特征，从而与传统的电影视听美学特点产生了明显的区分。

对于视听障群体对无障碍电影的理解障碍，与会受访者主要形成以下共识：一是部分类型题材具有理解的障碍性，比如武打、动作、冒险等类型影片，由于复杂的打斗场景和快速的剪切节奏，对于视障群体的深度理解具有明显的障碍性。二是歌舞类影片包括一些比较注重“声象”类型电影的艺术感染力并不能够为听障人群所体验，通过手语和字幕的解释所建立的共情效应较为薄弱，进而形成听障群体的“观影”不便。三是影像的隐喻性是电影艺术的优势，尤其是视听艺术元素，在编导的巧妙安排中往往与影片的情节相呼应，并产生言外之意、弦外之音的审美效果。但是，由于视听障群体的视听感官的障碍，对于影片视听艺术的音乐性的把握并不及时，甚至感触遮蔽，单纯凭借口述影像、手语翻译和字幕解释，并不能够对特殊受众的理解实现高质量的保障，进而影响他们对无障碍电影的审美体验。

对于影响视听障受众的“观影”质量的要素，78.9%的受访人员认为观影的辅助设施对于“观影”质量有直接的重要影响；73.6%的受访人员表示，影片内容的时效性具有较大影响；65.7%的受访人员认为自身的阅片量有利于较为容易地理解影片艺术；52.6%的受访人员认为自身的影视知识积累和“观影”素养对于“观影”质量有重要的影响；47.3%的受访人员认为，心理层面的联想与想象有利于深化对无障碍电影的理解；值得注意的是，42.1%的受访人员对智能新技术充满期待，认为在未来，有可能为无障碍电影带来更多的变革与惊喜。

对于无障碍电影的改进建议，受访人员形成如下意见：一是无障碍电影供给需要均等化和精准性并进，要精细化了解特殊受众对无障碍电影的具体需求，在均等化建设过程中予以可及性满足。二是注重建构无障碍电影发展的常态化机制，要发挥融媒体的优势和作用，突出无障碍电影观看的日常化；要彰显高校的优势和资源，突出无障碍电影“社校联动”的联合化；要强化无障碍电影创作的专业性，突出具体制作的标准化；要关照特殊受众的实际需求和具体特征，突出传播受众地位的中心化，建立特殊受众主体化的创作理念和机制。

综上调研，可以形成如下结论：一是影响特殊受众“观影”质量的因素与心理认知密切相关，无论是代偿性基本逻辑的认识还是对文本创作与外部观影环境的意见建议，最终还要归置到心理层面的认知，这也是特殊生理条件前提下贯通视听障受众与无障碍电影之间的重要逻辑路径。

在视觉障碍和听觉障碍的前提下，特殊受众对于视听艺术的感知难度显而易见，但要实现一定的“观影”质量，只能通过心理层面的感知来实现对影片艺术的理解。这并不是牵强附会，而是对比普通观众观看影片的过程，只是在视听觉生理部分进行了相关功能的遮蔽，但是，在心理感知层面都是特殊受众和普通观众的必经路径。所不同的是，对应视觉和听觉障碍，通过无障碍辅助手段的处理对视听觉符号进行了可理解的转化，进而形成等同价值的艺术感受，从而形成了特殊受众“观影”可行性的论证和观点成立。心理层面关注无障碍电影理论建构与创作的确立，对比以往无障碍电影的研究成果，有一定的开拓意义，对于完善相关的理论观点和支撑实践创作的学理逻辑也具有积极的作用。

二是结合前面章节的内容，通过对无障碍电影的理论建构确立感官代偿语境下的符号感知、视听联觉与认知可及的理论框架，并以选取部分代表的形式进行焦点小组座谈，通过集思广益、求同存异的探讨，最终确认心理认知、辅助技术与无障碍影院建设、观影素养与知识普及、原始影片的无障碍改进、观影渠道和形式等基本影响元素。

三是根据以上理论建构析出的影响因素的初步筛选。这些影响因素的析出对于无障碍电影创作质量的提升与特殊受众“观影”体验性的优化具有重要价值，一方面完成了无障碍电影理论建构与创作应用的内在逻辑连贯，将相应的理论分析具体化，并形成了创作实践的要点参考；另一方面，对于相应的具体策略的制定提供了基本的要素基础，在以视听障受众为中心的语境下，集中形成以上要素的判断与分析，实际上也为无障碍电影实践创作的具体路径提供了参考，这对于无障碍电影理论建构与实践创作的互动呈现了学理方案和理论版图。在此基础上，通过对无障碍电影的概念内涵、形态特征、发展历程、美学特点、发展特色和传播形式的理论分析，初步建立起无障碍电影理论建构的基本框架，在与创作应用的连贯中，以视听障群体的心理感知特点和具体的实证研究补足了理论与创作之间的有效过渡，最终形成逻辑严整的无障碍电影相关研究的完整架构，具有一定的理论借鉴意义和实践参考价值，对于完善无障碍电影的成果体系具有积极意义。

第三节 基于问卷调查方法的视听障受众接受心理认知实证研究

一、基本信息

表 1 调查对象基本信息

变量	分类	视力障碍 n（%）	听力障碍 n（%）
性别	男	28（63.6）	13（34.2）
	女	16（36.4）	25（65.8）
年龄	25 岁及以下	31（70.5）	31（81.6）
	25 岁以上	13（29.5）	7（18.4）
学历	专科及以上	31（70.5）	35（92.1）
	专科以下	13（29.5）	3（7.9）
职业	学生	29（65.9）	31（81.6）
	其他	15（34.1）	7（18.4）
婚姻状况	未婚	40（90.9）	36（94.7）
	已婚	4（9.1）	2（5.3）
您觉得无障碍设施在生活中是否常见？	常见	23（52.3）	16（42.1）
	不常见	21（47.7）	22（57.9）
经济来源	父母给予	27（61.4）	20（52.6）
	其他	17（38.6）	18（47.4）

二、问卷填写情况

表 2　听力障碍/视力障碍问卷选择情况

维度	题目	视力障碍		听力障碍	
		认同频数	认同频率（%）	认同频数	认同频率（%）
心理认知	对于当前的无障碍电影您是否满意？	19	43.2	22	57.9
	对于当前的无障碍电影“观影”环境您是否满意？	21	47.7	22	57.9
	当前的无障碍电影是否具有体验感？	27	61.4	20	52.6
	当前的无障碍电影是否具有改进的空间？	42	95.5	34	89.5
	您是否认同无障碍电影的创作应该由可及性向体验感转向？	40	90.9	32	84.2
	心理认知对于无障碍电影的欣赏是否具有必要性？	41	93.2	34	89.5
	在观影时您是否会进行积极的联想？	39	88.6	34	89.5
	您觉得想象力的催动对于高质量观影是否具有重要意义？	41	93.2	34	89.5
	您认为是否有必要专门训练观影想象力和联想力？	29	65.9	32	84.2

续表

维度	题目	视力障碍		听力障碍	
		认同频数	认同频率（%）	认同频数	认同频率（%）
心理认知	在观赏无障碍电影的过程中，视觉/听觉、嗅觉、触觉、味觉对于听力障碍是否具有补足作用？	42	95.5	35	92.1
	在观影的过程中，您是否会对影片/口述影像的一些细节形成注意并产生共情效应？	40	90.9	36	94.7
	在观影的过程中，您是否能够通过影片镜头的节奏以及鲜明的视觉/听觉元素冲击来补足听力方面的障碍？	36	81.8	33	86.8
	在听力/视力障碍的语境下您能否理解无障碍电影创作的思维意识？	37	84.1	33	86.8
	观赏完影片后您是否对有些片段仍然记忆犹新，并反复回味得到艺术审美的享受？	34	77.3	31	81.6
辅助技术与无障碍影院建设	您认为是否有必要专门为残障人士建设无障碍影院？	35	79.5	31	81.6
	您是否更愿意在4D影院欣赏影片？（4D影院可以吹冷热风、洒水、吹气泡、晃动座椅等让观众更具体验感）	39	88.6	31	81.6
	您是否能够接受付费去影院欣赏正在播出的影片？（备注：添加手语、字幕等无障碍传播手段）	39	88.6	31	81.6
	除了手语和字幕/口述影像，您认为是否有必要再加入更多的听力辅助手段？	37	84.1	33	86.8

续表

维度	题目	视力障碍		听力障碍	
		认同频数	认同频率（%）	认同频数	认同频率（%）
辅助技术与无障碍影院建设	您觉得影片中添加手语翻译/口述影像是否有必要？	39	88.6	29	76.3
	您认为是否有必要建设专门的专供影视欣赏的手语翻译/口述影像项目？	38	86.4	32	84.2
	您认为是否有必要在观影时架设相关的助听设备/视力障碍辅助设备？	40	90.9	35	92.1
观影素养与知识普及	您认为是否有必要普及一些影视艺术知识提升自己的观影素养？	38	86.4	37	97.4
	您认为观影后进行观后感交流与探讨是否可以增强观影共情？	40	90.9	37	97.4
	您认为观影前对影片进行讲解是否比观影后进行观后感交流更有积极作用？	30	68.2	34	89.5
	您认为观后感写作和影视评论写作培训是否能够有利于提升无障碍电影的观影质量？	30	68.2	36	94.7
	在观影之前有人简要介绍影片相关内容和知识，是否有助于您更好地欣赏和理解影片？	39	88.6	35	92.1
	您是否认同经过一定数量的“观影”积累能够形成一定的观影经验进而有助于提升您的“观影质量”？	40	90.9	35	92.1
	平日各种形式的影视艺术类课程是否有助于您提升观影的体验感？	40	90.9	37	97.4
	您是否认同介绍无障碍电影的创作与观赏经验有助于提升观影的体验感？	38	86.4	34	89.5

续表

维度	题目	视力障碍		听力障碍	
		认同频数	认同频率（%）	认同频数	认同频率（%）
原始影片的无障碍改进	您认为是否有必要根据视听障群体的需求对电影原片进行更大幅度的二次加工？	29	65.9	35	92.1
	您是否满意当前手语和字幕/口述影像在影片中的加入方式？	35	79.5	36	94.7
	您认为是否有必要对不同类型影片的内容特点进行具有区分性的无障碍手段处理？	38	86.4	35	92.1
观影渠道和形式	是否能够接受以打折优惠票的形式去影院欣赏正在热播的影片？	40	90.9	36	94.7
	是否能够接受付费购买会员权利通过网络欣赏正在热播的影片？	35	79.5	32	84.2
	是否能够接受以露天电影的形式进行无障碍电影播放？	33	75.0	36	94.7
	是否能够接受适当按照折扣付一定比例的费用观赏在学校或者社区固定地点播放经过无障碍二次加工的当前热播电影？	40	90.9	35	92.1

表 3 各维度得分情况

维度	视力障碍		听力障碍	
	$\bar{x}$±s	M（P25，P75）	$\bar{x}$±s	M（P25，P75）
心理认知（0—14）	11.09±2.29	11.00（10.00，13.00）	11.42±3.00	12.00（10.75，14.00）
辅助技术与无障碍影院建设（0—6）	6.07±1.32	6.50（6.00，7.00）	5.84±1.88	7.00（5.00，7.00）
观影素养与知识普及（0—8）	6.70±1.71	7.50（6.00，8.00）	7.50±1.16	8.00（8.00，8.00）
原始影片的无障碍改进（0—3）	2.32±0.80	2.50（2.00，3.00）	2.79±0.47	3.00（3.00，3.00）
观影渠道和形式（0—4）	3.36±0.89	4.00（3.00，4.00）	3.66±0.71	4.00（3.75，4.00）

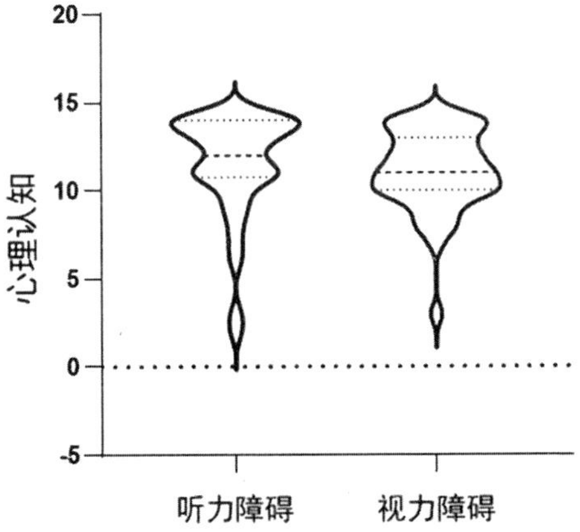

图 2 心理认知得分情况

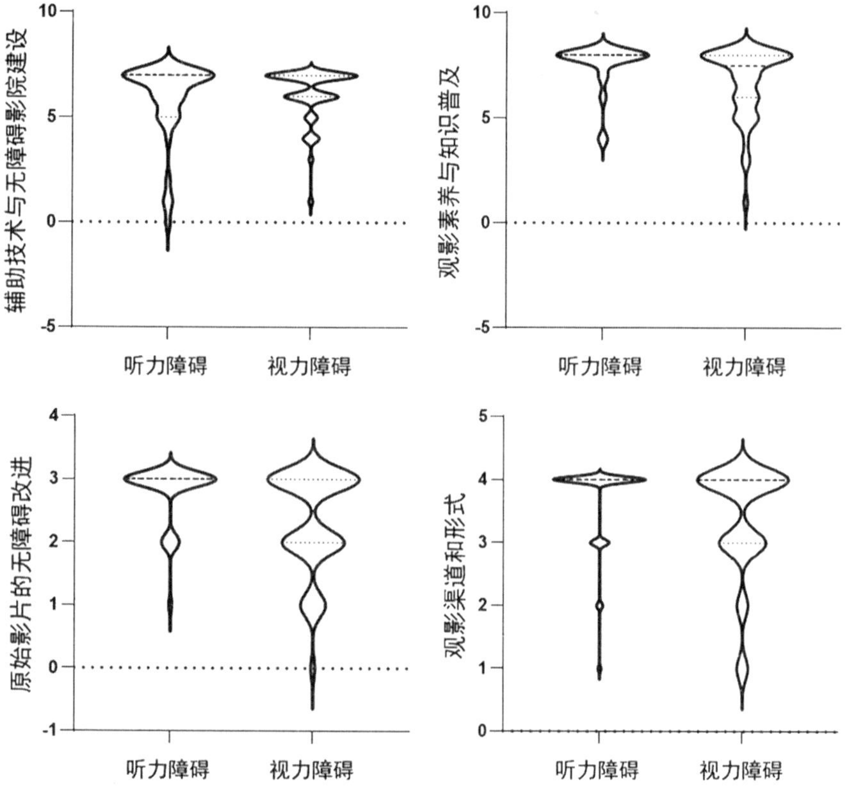

图 3 各维度得分情况

三、视力障碍心理认知影响因素分析

表 4 视力障碍心理认知单因素分析

变量	分类	心理认知得分 M（P25，P75）	Z/χ2	P
性别	男	10.50（10.00，12.75）	0.852	0.394
	女	11.00（11.00，13.75）		
年龄	25 岁及以下	11.00（10.00，13.00）	1.302	0.193
	25 岁以上	12.00（10.50，13.50）		
学历	专科及以上	9.50（11.00，12.50）	0.560	0.575
	专科以下	11.00（10.00，13.00）		

续表

变量	分类	心理认知得分 M（P25，P75）	Z/χ2	P
职业	学生	10.00（9.50，13.00）	1.893	0.058
	其他	12.00（11.00，14.00）		
婚姻状况	未婚	11.00（10.00，13.00）	0.062	0.951
	已婚	11.50（10.25，12.00）		
您觉得无障碍设施在生活中是否常见?	常见	12.00（11.00，13.00）	1.356	0.175
	不常见	11.00（9.00，12.00）		
经济来源	父母给予	10.00（10.00，12.00）	2.221	0.026
	其他	12.00（11.00，14.00）		

单因素分析显示，经济来源为心理认知得分的影响因素，经济来源为父母给予者的心理认知得分较低。这一问题的实证印证出视听障受众对于无障碍电影接受的复杂性，经济元素地位的凸显给无障碍电影的发展也提供了有效的启示。

表 5　视力障碍各维度得分相关性分析

	心理认知得分	辅助技术与无障碍影院建设	观影素养与知识普及	原始影片的无障碍改进	观影渠道和形式
心理认知得分	1.000	0.489**	0.547**	0.293	0.421**
辅助技术与无障碍影院建设	0.489**	1.000	0.666**	0.449**	0.422**
观影素养与知识普及	0.547**	0.666**	1.000	0.430**	0.444**
原始影片的无障碍改进	0.293	0.449**	0.430**	1.000	0.465**
观影渠道和形式	0.421**	0.422**	0.444**	0.465**	1.000

注：** 在 0.01 级别（双尾），相关性显著；* 在 0.05 级别（双尾），相关性显著。

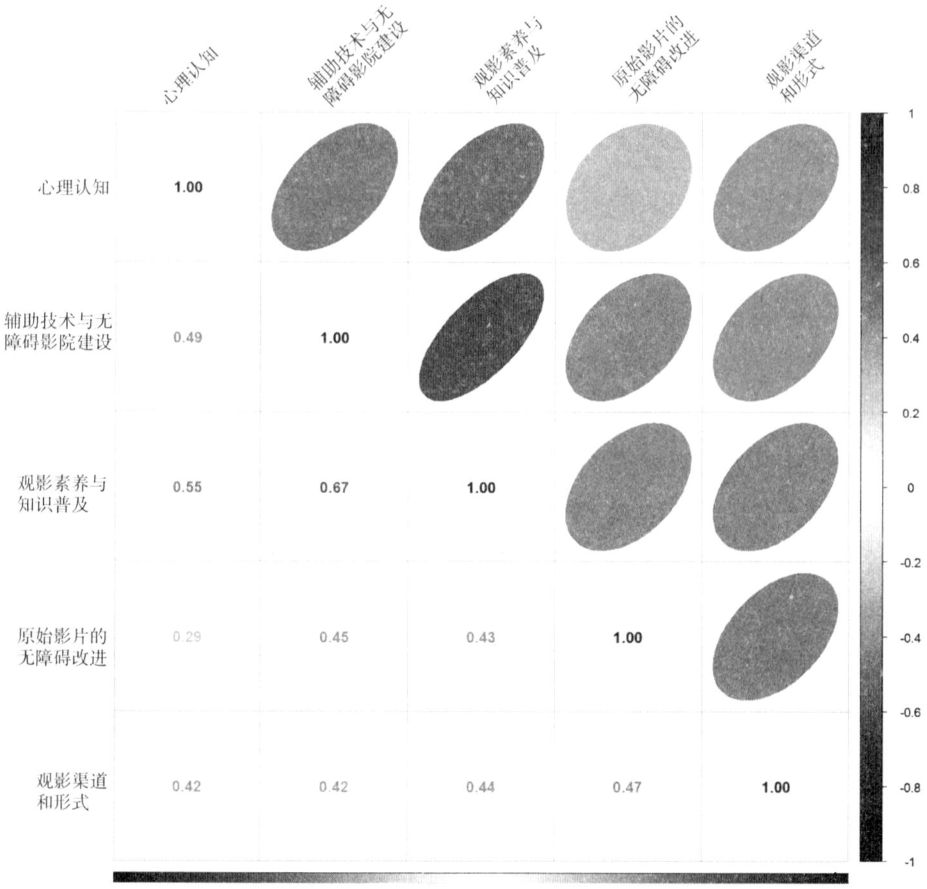

图 4 各维度相关性热图

将心理认知得分作为因变量，单因素分析 P<0.2 的因素作为自变量，纳入多因素逐步回归模型，见表 6、表 7。

表 6 logistic 回归赋值表

因素	变量化	赋值
心理认知得分	Y	~
辅助技术与无障碍影院建设	X1	~
观影素养与知识普及	X2	~
原始影片的无障碍改进	X3	~

续表

因素	变量化	赋值
观影渠道和形式	X4	~
年龄	X5	≤25=0 >25=1
职业	X6	学生=1　　其他=0
收入来源	X7	其他=1　　父母给予=0

表 7　logistic 回归结果

变量	β	S. E.	t	P	β（95%CI）
常量	4.460	1.293	3.450	0.001	
辅助技术与无障碍影院建设	1.093	0.208	5.245	<0.001	(0.672，1.513)

线性回归结果显示，辅助技术与无障碍影院建设为心理认知的独立影响因素（P<0.05），观影素养与知识普及得分每提高 1 分，心理认知得分平均提高 1.093 分。这两方面的影响元素的实证对于无障碍电影的传播带来重要的启示。

四、听力障碍心理认知影响因素分析

表 8　听力障碍心理认知单因素分析

变量	分类	心理认知得分 M（P25，P75）	Z/χ2	P
性别	男	13.00（9.50，14.00）	0.850	0.395
	女	11.00（11.00，13.50）		
年龄	25 岁及以下	13.00（11.00，14.00）	3.102	0.002
	25 岁以上	9.00（6.00，11.00）		
学历	专科及以上	13.00（11.00，14.00）	2.382	0.017
	专科以下	8.00（7.00，~）		

续表

变量	分类	心理认知得分 M（P25，P75）	Z/χ2	P
职业	学生	13.00（11.00，14.00）	1.426	0.154
	其他	6.00（9.00，14.00）		
婚姻状况	未婚	12.50（11.00，14.00）	1.906	0.057
	已婚	8.00（7.00，~）		
您觉得无障碍设施在生活中是否常见？	常见	13.00（10.50，14.00）	1.921	0.055
	不常见	11.00（10.25，12.00）		
经济来源	父母给予	12.00（11.00，14.00）	0.742	0.329
	其他	8.75（12.00，14.00）		

单因素分析显示，年龄、学历为心理认知得分的影响因素，25 岁及以下、专科及以上者心理认知得分较高。

表 9 听力障碍各维度得分相关性分析

	心理认知得分	辅助技术与无障碍影院建设	观影素养与知识普及	原始影片的无障碍改进	观影渠道和形式
心理认知得分	1.000	0.416**	0.571**	0.360*	0.089
辅助技术与无障碍影院建设	0.416**	1.000	0.528**	0.311	0.448**
观影素养与知识普及	0.571**	0.528**	1.000	0.594**	0.499**
原始影片的无障碍改进	0.360**	0.311	0.594**	1.000	0.234
观影渠道和形式	0.089	0.448**	0.499**	0.234	1.000

注：** 在 0.01 级别（双尾），相关性显著；* 在 0.05 级别（双尾），相关性显著。

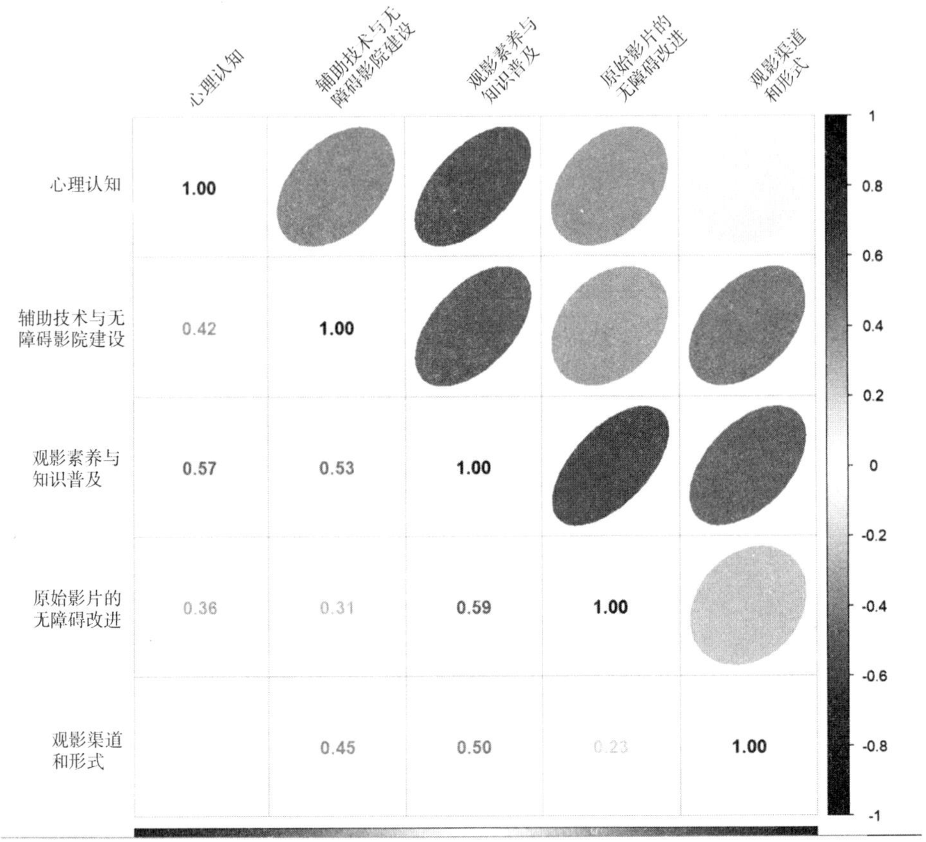

图 5　各维度相关性热图

将心理认知得分作为因变量，单因素分析 P<0.2 的因素作为自变量，纳入多因素逐步回归模型，见表 10、表 11。

表 10　logistic 回归赋值表

因素	变量化	赋值
心理认知得分	Y	~
辅助技术与无障碍影院建设	X1	~
观影素养与知识普及	X2	~
原始影片的无障碍改进	X3	~
观影渠道和形式	X4	~

续表

因素	变量化	赋值
年龄	X5	≤25=0 >25=1
学历	X6	专科以下=0 专科及以上=1
职业	X7	学生=1 其他=0
婚姻状况	X8	已婚=1 未婚=0
您觉得无障碍设施在生活中是否常见?	X9	常见=1 不常见=0

表 11 logistic 回归结果

变量	β	S. E.	t	P	β（95%CI）
常量	-0. 200	1. 935	-0. 104	0. 918	
观影素养与知识普及	2. 134	0. 29	7. 348	<0. 001	（1. 544，2. 725）
年龄	-2. 276	0. 719	-3. 168	0. 003	（-3. 737，-0. 816）
观影渠道和形式	-1. 085	0. 458	-2. 368	0. 024	（-2. 015，-0. 154）

线性回归结果显示，观影素养与知识普及、年龄、观影渠道和形式为心理认知的独立影响因素（P<0. 05），观影素养与知识普及得分每提高 1 分，心理认知得分平均提高 2. 134 分；观影渠道和形式得分每提高 1 分，心理认知得分平均降低 1. 085 分；年龄为 25 岁及以下者平均比 25 岁以上者心理认知得分高 2. 276。

综上分析，视障群体与听障群体无障碍电影接受要素的影响程度也有差异，对于视障群体而言，“辅助技术与无障碍影院建设”“观影素养与知识普及”两大要素对接受心理认知的影响程度较高；而听障群体无障碍电影接受的影响要素相比较更多。值得注意的是，除了与视障群体相同的观影素养与知识普及要素，年龄、观影渠道和形式等要素也不容忽略，这可能与受众的视觉障碍的生理特征有关，与单纯的口述影像作为视障群体“观影”辅助手段相比，听障群体的“观影”要更为复杂，尤其是“观影”场域的选择以及相应的传播方式，都会对具体的无障碍电影接受心理认知产生影响。而年龄要素的实证显示，年龄越大，心理认知得分就越高，这可能与“观影”经验以及相关的生活阅历形成了认知辅助相关联。总之，微观的影响元素的细致分析为无障碍电影的发展呈现了新视野与新认知，也为无障碍电影理论建构与实践应用带来实证参考，为相关策略的思考提供了客观性的支撑资料。

综上，经过实证研究和焦点小组以及深度访谈，视听障受众在无障碍电影接受层面具有一定的复杂性。一方面，他们认可当前无障碍电影所取得的成绩，从侧面印证了无障碍电影实现制作与传播可及性的认可度。但是，从数据层面的直观证实和定性层面的深层维度的心理认知显示，无障碍电影依然具有较大的改进空间，95.5%的受访视障受众和89.5%的受访听障受众的数量对无障碍电影的改进空间形成了有力的佐证。在访谈中，不难发现，视听障受众反馈的问题主要集中在无障碍电影的后端环节，即无障碍电影的传播与接受，具体表现为创作内容的改进空间和视听障受众的体验感满意度不高。当然，问题的呈现必然涉及无障碍电影的其他环节，无论是创作策划还是创作平台的建设以及传播推广的质量，都是重要的影响要素。但是，基本的问题也是清晰可见：一是无障碍电影的发展在一定程度上满足了视听障受众的影视文化诉求，但是，满意度并不高，主要由无障碍电影的创作存在的一系列问题所导致。

二是受众自身的接受素养是影响无障碍电影推广传播的重要因素，无论是自身审美素质的积淀还是相关基础知识和操作技能的训练以及受教育程度，甚至是经济条件和自身的年龄都在定量数据的呈现中发挥着影响作用。所以，视听障受众的影视素养提升应该纳入具体的应对策略进行考量，与创作内容的提升形成并置同进的发展态势。

三是无障碍影视文本的提升与改造对于无障碍电影具有重要影响，尤其是无障碍视听辅助方式的创新以及感官代偿机制的应用和文本类型的标准化是关系无障碍电影质量的关键性影响要素，直接影响着视听障受众的接受体验和满意度反馈意见。

四是无障碍接受环境是影响无障碍电影不可忽略的要素，包括无障碍环境的建设、无障碍辅具的配备、无障碍高技术的更新等基本内容，在定量的数据调查中，对于视听障受众的“观影”体验有着直接的影响。

以上影响要素的析出应和定性调查分析的印证基本上可以确定无障碍电影的问题探寻与归因分析的精准度，对于无障碍电影影响要素的逻辑序列的排布也有着定性与定量检视的积极作用，能够为无障碍电影创作质量提升的机制建构和实施路径提供具有针对性的意见参考，形成承上启下的过渡性作用，助力残障群体影视文化服务体系的均等化建设，有效协调无障碍电影理论建构与实践应用的良性互动，为无障碍电影理论的建构与实践应用提供具有针对性的数据参考和理论指导。

附：关于无障碍电影接受效果的问卷调查（视障群体）

心理认知

1. 对于当前的无障碍电影您是否满意？

A. 是　B. 否

2. 对于当前的无障碍电影“观影”环境您是否满意？

A. 是　B. 否

3. 当前的无障碍电影是否具有体验感？

A. 是　B. 否

4. 当前的无障碍电影是否具有改进的空间？

A. 是　B. 否

5. 您是否认同无障碍电影的创作应该由可及性向体验感转向？

A. 是　B. 否

6. 心理认知对于无障碍电影的欣赏是否具有必要性？

A. 是　B. 否

7. 在观影时您是否会进行积极的联想？

A. 是　B. 否

8. 您觉得想象力的催动对于高质量观影是否具有重要意义？

A. 是　B. 否

9. 您认为是否有必要专门训练观影想象力和联想力？

A. 是　B. 否

10. 在观赏无障碍电影的过程中，听觉、嗅觉、触觉、味觉对于视力障碍是否具有补足作用？

A. 是　B. 否

11. 在观影的过程中，您是否会对口述影像的一些细节形成注意并产生共情效应？

A. 是　B. 否

12. 在观影的过程中，您是否能够通过口述影像的节奏以及鲜明的听觉元素冲击来补足视力方面的障碍？

A. 是　B. 否

13. 在视力障碍的语境下您能否理解无障碍电影创作的思维意识？

A. 是　B. 否

14. 观赏完影片后您是否对有些片段仍然记忆犹新，并反复回味得到艺术审美的享受？

A. 是　B. 否

辅助技术与无障碍影院建设

15. 您认为是否有必要专门为残障人士建设无障碍影院？

A. 是　B. 否

16. 您是否更愿意在4D影院欣赏影片？（4D影院可以吹冷热风、洒水、吹气泡、晃动座椅等让观众更具体验感）

A. 是　B. 否

17. 您是否能够接受付费去影院欣赏正在播出的影片？（备注：添加手语、字幕等无障碍传播手段）

A. 是　B. 否

18. 除了口述影像，您认为是否有必要再加入更多的视力辅助手段？

A. 是　B. 否

19. 您觉得影片中添加口述影像是否有必要？

A. 是　B. 否

20. 您认为是否有必要建设专门的专供影视欣赏的口述影像项目？

A. 是　B. 否

21. 您认为是否有必要在观影时架设相关的视力障碍辅助设备？

A. 是　B. 否

观影素养与知识普及

22. 您认为是否有必要普及一些影视艺术知识提升自己的观影素养？

A. 是　B. 否

23. 您认为观影后进行观后感交流与探讨是否可以增强观影共情？

A. 是　B. 否

24. 您认为观影前对影片进行讲解是否比观影后进行观后感交流更有积极作用？

A. 是　B. 否

25. 您认为观后感写作和影视评论写作培训是否能够有利于提升无障碍电影的观影质量？

A. 是　B. 否

26. 在观影之前有人简要介绍影片相关内容和知识，是否有助于您更好地欣赏和理解影片？

A. 是　B. 否

27. 您是否认同经过一定数量的“观影”积累能够形成一定的观影经验进而有助于提升您的“观影质量”？

A. 是　B. 否

28. 平日各种形式的影视艺术类课程是否有助于您提升观影的体验感？

A. 是　B. 否

29. 您是否认同介绍无障碍电影的创作与观赏经验有助于提升观影的体验感？

A. 是　B. 否

原始影片的无障碍改进

30. 您认为是否有必要根据视听障群体的需求对电影原片进行更大幅度的

二次加工？

A. 是　B. 否

31. 您是否满意当前口述影像在影片中的加入方式？

A. 是　B. 否

32. 您认为是否有必要对不同类型影片的内容特点进行具有区分性的无障碍手段处理？

A. 是　B. 否

观影渠道和形式

33. 是否能够接受以打折优惠票的形式去影院欣赏正在热播的影片？

A. 是　B. 否

34. 是否能够接受付费购买会员权利通过网络欣赏正在热播的影片？

A. 是　B. 否

35. 是否能够接受以露天电影的形式进行无障碍电影播放？

A. 是　B. 否

36. 是否能够接受适当按照折扣付一定比例的费用观赏在学校或者社区固定地点播放经过无障碍二次加工的当前热播电影？

A. 是　B. 否

关于无障碍电影接受效果的问卷调查（听障群体）

心理认知

1. 对于当前的无障碍电影您是否满意？

A. 是　B. 否

2. 对于当前的无障碍电影“观影”环境您是否满意？

A. 是　B. 否

3. 当前的无障碍电影是否具有体验感？

A. 是　B. 否

4. 当前的无障碍电影是否具有改进的空间？

A. 是　B. 否

5. 您是否认同无障碍电影的创作应该由可及性向体验感转向？

A. 是　B. 否

6. 心理认知对于无障碍电影的欣赏是否具有必要性？

A. 是　B. 否

7. 在观影时您是否会进行积极的联想？

A. 是　B. 否

8. 您觉得想象力的催动对于高质量观影是否具有重要意义？

A. 是　B. 否

9. 您认为是否有必要专门训练观影想象力和联想力？

A. 是　B. 否

10. 在观赏无障碍电影的过程中，视觉、嗅觉、触觉、味觉对于听力障碍是否具有补足作用？

A. 是　B. 否

11. 在观影的过程中，您是否会对影片的一些细节形成注意并产生共情效应？

A. 是　B. 否

12. 在观影的过程中，您是否能够通过影片镜头的节奏以及鲜明的视觉元素冲击来补足听力方面的障碍？

A. 是　B. 否

13. 在听力障碍的语境下您能否理解无障碍电影创作的思维意识？

A. 是　B. 否

14. 观赏完影片后您是否对有些片段仍然记忆犹新，并反复回味得到艺术审美的享受？

A. 是　B. 否

辅助技术与无障碍影院建设

15. 您认为是否有必要专门为残障人士建设无障碍影院？

A. 是　B. 否

16. 您是否更愿意在 4D 影院欣赏影片？（4D 影院可以吹冷热风、洒水、吹气泡、晃动座椅等让观众更具体验感）

A. 是　B. 否

17. 您是否能够接受付费去影院欣赏正在播出的影片？（备注：添加手语、字幕等无障碍传播手段）

A. 是　B. 否

18. 除了手语和字幕，您认为是否有必要再加入更多的听力辅助手段？

A. 是　B. 否

19. 您觉得影片中添加手语翻译是否有必要？

A. 是　B. 否

20. 您认为是否有必要建设专门的专供影视欣赏的手语翻译项目？

A. 是　B. 否

21. 您认为是否有必要在观影时架设相关的助听设备？

A. 是 B. 否

观影素养与知识普及

22. 您认为是否有必要普及一些影视艺术知识提升自己的观影素养？

A. 是 B. 否

23. 您认为观影后进行观后感交流与探讨是否可以增强观影共情？

A. 是 B. 否

24. 您认为观影前对影片进行讲解是否比观影后进行观后感交流更有积极作用？

A. 是 B. 否

25. 您认为观后感写作和影视评论写作培训是否能够有利于提升无障碍电影的观影质量？

A. 是 B. 否

26. 在观影之前有人简要介绍影片相关内容和知识，是否有助于您更好地欣赏和理解影片？

A. 是 B. 否

27. 您是否认同经过一定数量的“观影”积累能够形成一定的观影经验进而有助于提升您的“观影质量”？

A. 是 B. 否

28. 平日各种形式的影视艺术类课程是否有助于您提升观影的体验感？

A. 是 B. 否

29. 您是否认同介绍无障碍电影的创作与观赏经验有助于提升观影的体验感？

A. 是 B. 否

原始影片的无障碍改进

30. 您认为是否有必要根据视听障群体的需求对电影原片进行更大幅度的

二次加工？

A. 是 B. 否

31. 您是否满意当前手语和字幕在影片中的加入方式？

A. 是 B. 否

32. 您认为是否有必要对不同类型影片的内容特点进行具有区分性的无障碍手段处理？

A. 是 B. 否

观影渠道和形式

33. 是否能够接受以打折优惠票的形式去影院欣赏正在热播的影片？

A. 是 B. 否

34. 是否能够接受付费购买会员权利通过网络欣赏正在热播的影片？

A. 是 B. 否

35. 是否能够接受以露天电影的形式进行无障碍电影播放？

A. 是 B. 否

36. 是否能够接受适当按照折扣付一定比例的费用观赏在学校或者社区固定地点播放经过无障碍二次加工的当前热播电影？

A. 是 B. 否

第七章　无障碍电影创作高质量发展的创新机制与实施路径

新时代背景下，无障碍电影站在新的起点，高质量发展成为其破解现实难题、创新提升服务成效的必然路径。无障碍电影创作的高质量发展需要建立富有可及性和精准性的创新机制，在此基础上优化设计实施路径，形成点面结合、以点带面的良好发展格局。无论是创新机制的建构还是实施路径的设计，都需要结合视听障受众的生理和心理特征以及具体的影视文化诉求进行协同优化推进，有效联通创作主体、特殊受众、内容文本、平台建设、前期策划、产品衍生、传播推广等创作基本环节，形成不同领域的资源汇聚，建立整体协同度高、内在逻辑关联紧密的创新机制和发展路径，为高质量满足视听障特殊受众的影视文化服务需求提供理论参考和实践进路。

第一节　无障碍电影创作的“五维”创新机制

无障碍电影具有特殊性，与传统的影视创作不同，它更注重公益性、可及性与联动性。公益性指向的是无障碍电影主要依靠政策扶持和工程配套来实现社会效益，而不是通过市场化手段获得经济效益；可及性指向的是视听障受众对无障碍电影的可获得性与可适性；联动性指向的是无障碍电影需要多领域、多部门的协同，依靠资源的汇聚实现无障碍电影的策划、生产与传播推广。以上特征主要由无障碍电影受众的特殊生理特征所决定，具体特征的内容在本书的前面章节已经进行了系统论述，在此不多做赘述。

考虑视听障群体的特殊性心理认知特征，在无障碍电影的各环节需要进行精准性对应和可适化调试，这必然涉及创作前期的策划、创作中期的内容生产和平台建设，创作后期的品牌延伸、宣传推广与作品衍生以及特殊受众的接受反馈。在此基础上形成无障碍电影创作机制创新的基本架构，如图6所示：

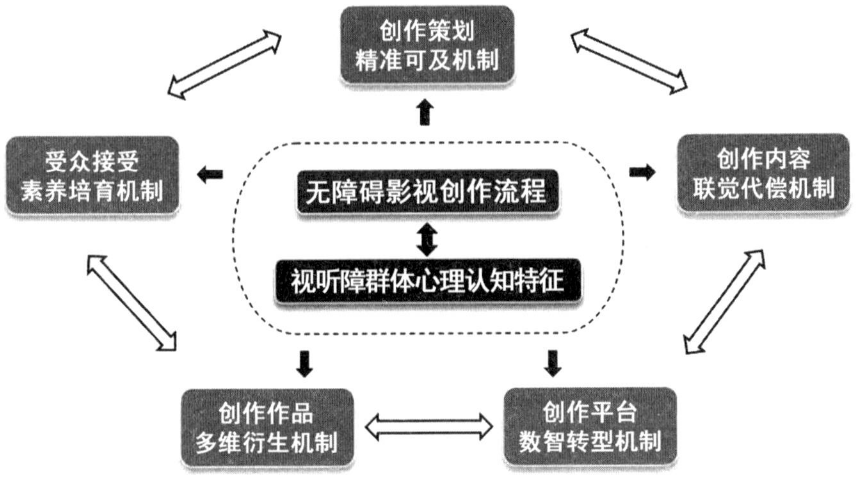

图6　无障碍电影创作创新机制架构图

图6中所示的五个方面是创作过程的核心环节，也是无障碍电影理论的基本架构。五个方面的要素归纳在影视创作的框架下形成相辅相成、互为贯连的逻辑关系。创作策划是无障碍电影创新机制建构的基础性环节，是创作过程前端的核心要素，决定着无障碍电影的选题、创意、理念、市场分析等要素发展的基本方向，是无障碍电影的顶层设计。创作内容是无障碍电影创新机制建构的最为重要的组成部分，也是无障碍电影质量的决定性要素，作为创作过程的中端环节，是精准供给视听障受众文化内容满足的关键要素。创作策划是创作内容的纲领性引导，创作内容是创作策划的具体体现，两者

具有前后贯连的逻辑序列，具有紧密的内在连接。创作平台是创作策划与创作内容的有机承载，也是实现无障碍电影传播效果的有效载体。它不仅要在创作环节进行统筹考量，也是创作内容与特定受众沟通的重要承载，是无障碍电影创作过程的辅助性环节，它与创作内容相得益彰，同步推进，是创作过程的中端部分，也是无障碍电影创作过程的核心环节。创作作品衍生与特殊受众素养提升是无障碍电影的后端部分，也是创作策划、创作内容与创作平台部分的总结反馈。创作作品衍生拓展的基础是创作内容，也是创作策划的重要组成部分。创作作品的衍生与创作平台的建设相互助力，创作作品的衍生需要平台建设作为有力支撑，也可以拓展创作平台建设的多维性。受众是创作过程的核心环节，也是前面四个环节有效性的集中体现，是整个无障碍电影服务的集中面向。一方面，创作策划、创作内容、创作平台与作品衍生的落点是特殊受众；另一方面，特殊受众对于无障碍电影的接受反馈意见又决定了以上四个创作环节的调整方向，五个部分共同形成无障碍电影创作过程的逻辑进路，缺一不可，具有协同推进和联动发展的坚实基础，形成了无障碍电影理论建构的基本理路，是无障碍电影创作创新机制建构所应该重点考量的基本内容。

一、创作策划精准可及机制

前期策划是创作流程的起点，也是最为重要的环节之一。这一阶段决定着创作的方向、目标、推广运营、受众定位等。与传统的影视创作有所不同，无障碍电影的创作要考虑特定受众的传播接受特点。当前，无障碍电影主要面向的是视听障受众，视觉与听觉障碍的生理特殊性需要编辑创作人员在策划的前端就需要充分考量这一特殊性，这也是无障碍电影创新机制的着眼点。

在具体的建构层面，精准性与可及性是无障碍电影策划机制建构的两个基本面向。这主要基于视听障受众的生理和心理的特殊性所进行的深入考量。精准性需要识别视听障碍受众的身心接受机制与普通群体鲜明的区分性，无论是无障碍电影的创意理念还是选题确认以及无障碍电影的宣传推广设计，都需要精准对应，提升无障碍电影传播的针对性和实效性。可及性强调的是要从硬件和软件两个方面对创作各环节进行辅助性改造，进而实现无障碍电影内容针对特殊受众的可及性传播。两者相辅相成，紧密关联，共同建构起无障碍电影策划机制的基本特征。

需要注意的是，本书在这里所强调的精准化是一个系统工程，以精细化、准确性的影视文化服务指向为核心内容，综合无障碍要素所形成的更具有贴近性的影视创作服务体系，至少包含以下三个层面的内容：一是精准化的前提是无障碍理念的基础性确认。无障碍理念是精准化的理论指导，精准化是无障碍理念的有力践行。精准化是理念与实践的协同体，最终的价值目标是为视听障群体的影视文化满足形成自主、安全、方便的环境。如果没有无障碍理念的基础性保障，那么，精准化对无障碍电影服务均等化的支撑也就缺失了应有的实际意义。二是精准化的指向是无障碍可及性的细化。考虑视听障群体的生理特征和影视文化供给的实际情况，无障碍所能涵盖、达到的效果以及所能涉及的范围和内容都应该予以更为精细的明确，这实际也是无障碍电影传播与服务可及性的基本面向。由此，无障碍电影的精准性在确认无障碍理念的前提下还需要对无障碍可及性进行具有实施性的举措细化。三是精准化的价值是公共文化服务体系公平性的具体实现。无论是对残障群体自身特征的关注，还是无障碍理念的确认和可及性的细化，最终的根本价值指向在于通过人为的文化供给的改进来补足视听障群体生理条件和心理认知的局限性，在尊重个体差异的前提下通过精准化的举措来缩小残障群体和普通群体在文化满足方面的差距，这也是精准化价值向度的仁爱情怀展现和社会意义的有效性确定。

无障碍电影的可及性是指特殊群体获得文化服务的公平性与获得感，核心是机会的均等以及具体实施的相应保障。需要注意的是，均等化并不等同于平均化，与平均化所强调的不区别个体特征所不同，均等化注重个体与个体的差异性，主张在实施过程中着力于缩小差距。与平均化的文化服务供给体系相比较，均等化更加强调文化服务供给体系的精准化建设，以精准对应和满足来实现特殊群体文化红利共享的公平性。

可及性的本质特征为无障碍电影的实施确立了基本遵循。一是要以保障视听障群体的公平机会为工作着眼点。无论是影视创作产品的供给还是相应的服务配套，公平机会的提供都需要将视听障群体的需求纳入工作理念和服务意识，并与普通群体的诉求相互融合，和谐共生。二是要以无障碍电影实施的获得感为着力点。在影视创作服务无障碍体系的建构中，可及性的实现既要有相应的硬件设施配套，也要有相应的服务理念的更新，只有两者的结合才能彰显面向视听障群体实施影视文化满足的均等性。三是以视听障群体的生理特点为区分点。视听障群体对于视觉和听觉艺术接受的障碍在一定程度上形成了影视文化精准供给的双重障碍，要实现可及性显然需要具体情况具体分析，根据视听障群体的实际情况优化无障碍电影文化产品的设计和供给，进而形成更具针对性和亲和力的文化服务。

基于精准性和可及性两个基本面向形成了无障碍电影策划创新机制的理念内核，即非基本普惠性影视创作文化供给。它是指为满足残障群体更高层次的文化需求、保障社会整体福利水平所必需但市场自发供给不足的经过无障碍传播手段改进的影视文化公共服务类型。这一文化服务类型涉及新公共服务理论、新公共管理理论、无障碍传播理论、结构功能主义理论、符号互动理论等多学科知识，在此基础上形成了自身的特殊性和个性化特点。第一，基于视听障受众的特殊性，非基本的文化供给需要建立可及性的传播机制和均等化的服务理念，在此基础上形成针对重点特殊人群的精准化供给。第二，普惠性与“非基本”之间具有紧密的逻辑关联，“非基本”是普惠性的定语前置，指向的是普惠性的服务对象和范围约束；普惠性是“非基本”的价值落点，体现出非基本公共文化服务的创新聚焦，如何实现“非基本”的普惠性是无障碍电影服务的着力点。第三，普惠性与“非基本”的内在逻辑关系决定了无障碍电影服务的可持续发展需要公益性与市场化相结合，最终实现高质量与低价格两大要素的融合共生，这也是无障碍电影服务的创新性所在。基于此，无障碍电影策划需要建立精准性与可及性兼具的创新机制，在机制运营方面需要依托非基本普惠性文化服务模式，采取以公益性为主，适当融入市场化手段，通过政府职能部门牵头，联动企业、高校、文化场所、社会团体等各方要素实现集约化的联动运行，最大限度实现创作与受众之间的无障碍联通，并实现精准的内容供给，这也是无障碍电影文化创新机制的重要组成部分。

二、创作内容联觉代偿机制

与传统的影视创作内容不同，无障碍电影需要充分考量受众的特殊性。当前，无障碍电影面向的主要受众是视听障受众，这一群体进行信息接收的主要困境在于视觉和听觉能力的障碍。基于这一生理的特殊性考量，在创作过程的中端，需要进行符合人体感官代偿规律的无障碍化改造，以便于特殊受众更好地接收无障碍电影的传播信息，进而形成无障碍电影与传统的影视创作在创作机制层面的差异性，这一差异性考察的基点在于联觉代偿机制。

联觉代偿是指视觉、听觉、触觉、嗅觉、味觉“五感”之间的联通和替代性补足机制，比如视听联觉是艺术心理学中的典型现象，通过视觉与听觉之间的符号传播形成视听共情的建构，由此，建立视觉与听觉之间的相互弥合补偿的效果。这一现象运用到音乐和美术鉴赏形成了客观实践的印证。正是这种印证为无障碍电影内容的创新机制拓展了有效空间。无障碍电影正是针对特殊受众视听觉障碍的生理现实，充分发掘人体认知功能知觉的联通性和代偿性特点，对影视创作内容进行精准性的无障碍改造，辅助特殊受众对无障碍电影的传播实现更高质量的接受，进而提高整个无障碍电影创作过程的效度。由此，创作内容的联觉代偿机制成为无障碍电影创新机制的重要组成部分，也是无障碍电影质量提升的重要着力点。

具体而言，无障碍电影内容联觉代偿机制主要包括以下几个方面：一是基于符号转化的无障碍方式的介入。依据符号语言学的原理，视觉符号与听觉符号存在转化的可行性，基于这种符号转化的原理衍生出口述影像、手语翻译、字幕添加等无障碍辅助手段，这些无障碍辅助手段成为无障碍电影内容的有力支撑，也是创新机制建构的基本面向，这也直接引起创作内容发生诸多变化。首先是编辑工作内容的变化，与传统的影视创作相比，无障碍电影需要编辑工作人员熟悉无障碍传播理念，需要协调专业人员甚至自己对影视文本进行无障碍辅助性编辑，有序精准添加相关的无障碍辅助手段；其次，无障碍电影的文本内容也会产生相应的变化，与传统的影视创作相比较，前者要更具复杂性，要在原有的文本基础上对视听障受众无法接受的视听符号进行翻译和转化，通过无障碍化的编辑处理让文本内容更具可及性；最后，无障碍电影的具体形态也会产生变化，由传统的磁带和光盘形式向数字化进行转型，依托网络平台进行影视文本的无障碍改造，无论是传播推广还是制作加工都将更具便利性。所以，无障碍电影内容应该根据视听障受众的心理认知特点和感官代偿规律进行相应的调整，根据可及性和代偿性的基本特征进行相应的内容创作，让无障碍电影的传播更具精准性和贴切性。

二是基于视听联觉功能机制的创作内容的创意设计。由一种感觉引起另一种感觉的现象在心理学领域被称为联觉。对于视听障受众而言，联觉心理现象为他们接收影视艺术信息提供了可行性路径。听觉艺术可以催动受众产生视觉的形象画面及其他感觉体验，而视觉艺术又可以通过线条、色调等视觉元素经过一定的逻辑序列的排布引导受众的联想力感觉声韵的动感。这一心理感知机制应用于无障碍电影的过程中，能够进一步推进无障碍电影内容传播的可及性，以此为基点，调动多元感官联动对于创新传统的影视艺术形式和内容无疑大有裨益，有利于进一步增强无障碍电影的体验感和生动性，进而激发视听障特殊受众的“观影”兴趣与积极性，有利于通过视听结合、动听结合等提升特殊受众的综合能力。视听联觉心理过程与想象、联想、幻想、形象思维、创造性思维等能力的培养关系密切，通过调动联觉能够使特殊受众对无障碍电影的想象更加形象、丰富，进而达到审美培养和锻炼形象思维的目的，能够有效锻炼视听障受众的创造性思维。在此基础上，与无障碍电影内容的创新创意形成统合性联动，在具体的内容设计上，更加强调声画结合、图文并茂，通过多维性的感官刺激和积极联动催动特殊受众与无障碍电影传播之间的有效互动，实现良好的传播效果，助力无障碍电影创新发展。

三是基于感官代偿的辅助性知觉互补。感官代偿是强调感知功能的相互补足。除了视听联觉之外，触觉、嗅觉和味觉也可以与视觉和听觉形成代偿性互补。比如，对于视听障受众而言，通过触觉可以感觉外界事物的形状、大小、质感等具象化特点，对视觉接收信息的缺失形成触感性补足；而对于听障受众，声音节奏的感知被遮蔽，可以通过触觉来感知动感节奏，进而对声音节奏遮蔽形成代偿性补足。同样，嗅觉和味觉可以通过实物呈现以及对人体感知功能的刺激来与画面中的相关内容形成补充，比如，涉及气味的相关影视画面，通过嗅觉和味觉的实践性尝试可以加深特殊受众的具身体验，这类似于4D影院的体验感强化，根本目的在于调动观众的身心感知并与影视中的内容产生体验式关联，即使视障受众看不见画面信息，也可以通过气味和食物品尝来与相关的影视信息实现身心交融的体验。以此为基点考察无障碍电影的创作实践，可以有效拓展创作过程和具体产品设计的生动性和形象性，尤其是在创作内容的环节，可以充分利用“五感联觉”的身心机制，通过一些便捷性和可适化的创意设计，以此形成对视听障受众特殊生理机制的补足性作用，进而提升无障碍电影的创作质量和水平，进一步完善内容的共情感染力，提升无障碍电影的艺术品位和审美品质。

三、创作平台数智转型机制

近年来，随着社会经济的快速发展，以5G、云计算、大数据、人工智能、物联网和区块链为代表的新一轮技术革命，给社会各行各业带来深刻的变革。在数字化和智能化发展的语境中，影视业的发展也进入前所未有的变革期。2022年，中央宣传部印发了《关于推动出版深度融合发展的实施意见》，明确要求“强化大数据、云计算、人工智能、区块链等技术应用，创新驱动出版深度融合发展”，实施意见为无障碍电影出版的技术创新与应用指明了方向。面对数智化的时代变革，传统影视和无障碍电影的音像制品载体面临着巨大的挑战，以磁带、录音机、光盘、电脑为代表的传统形式逐渐被手机新媒体所代替，同时也引发视听障群体的媒介使用习惯产生了新变化，他们越来越倾向于通过移动终端获取信息、安排出行和通信交流等，短视频、手游、动漫等也成为视听障群体优先选择的文化产品类型。面对新形势和新变化，无障碍电影必须主动融入时代科技发展的大潮，以残障人士的实际诉求为着力点，推进无障碍电影创作的数智化转型发展，并形成相应的创新机制，主要包括以下几个方面。

一是无障碍电影产品类型的数智化创新。数智化既不是单纯的数字化，也不是纯粹的智能化，而是基于数字化技术的数据深入分析，从中获取见解、指导决策或创新业务模式。这一数字技术革新为无障碍电影带来全新的发展机遇。首先体现在无障碍电影产品类型的更新与拓展。基于技术的能量延伸，无障碍电影产品的类型变革具备了更多可能。在普通影视文本的基础上，无障碍电影可以根据新技术的智能化分析衍生出新的产品类型，既可以是凸显数字虚拟性的动漫游戏和影视动画，也可以是影视、动漫与游戏的深度互融；另外，依托先进的媒介智能技术，无障碍电影可以向更多文化领域延伸拓展，比如当下时兴的休闲娱乐文创产品，完全可以通过人工智能的手段将影视经典意象予以具体的物化并形成更具可适性的文创作品形式；同样，依托机器学习技术，可以将无障碍电影向特殊教育辅具的方向发展；依据媒介传播技术，可以将无障碍电影向广播剧和有声书等更为精准的文化产品衍生。这些作品类型的丰富和拓展依托数智化技术手段面向视听障受众进行更多文化产品的供给，在丰盈无障碍电影产品体系的同时，也强化了公共文化服务体系均等化的建设水平。

二是无障碍电影生产模式的数智化创新。数智化技术对数字化技术的升级和改进为无障碍电影各环节带来改变，进一步丰富了影视创作的无障碍传播维度。在创作策划的选题环节，可以深度融入数智化技术进行智能选题，在具体实施层面，通过大数据和人工智能等技术挖掘潜在读者及其精准的兴趣点，进一步强化选题的可适性；可以通过跨模态的音视频识别等技术，实现影视内容文本、图片和视频的智能审核，进一步提高无障碍电影的工作效率，优化编辑的工作结构，最大化保障无障碍电影的精品质量。在创作管理环节，可以利用多模态智能检索技术，进一步优化相关工作流程，如实现文本、图片、音视频的智能检索服务，依托知识图谱技术构建知识体系。在创作内容的智能分发环节，可以依托大数据、人工智能等技术构建用户画像和用户行为，尤其是精准识别特殊受众的信息接收特点和具体的心理认知特征，实现创作内容的个性化推广，最大限度提升无障碍电影文化服务的质量。在发行营销环节，可以进一步依托数智化的智能优势深入分析用户的个性化需求，根据所具有的无障碍电影的文化资源和服务情况，运用算法、模型等数智化技术将特殊用户的具体需求和资源服务进行更为精准的匹配，实现精准营销，有效提升无障碍电影的营销推广的效果。

三是无障碍电影服务方式的数智化创新。无障碍电影的根本是为特殊群体提供影视文化服务，这需要在整个创作过程中，建立服务意识，重构影视创作的生产模式、组织形态、运营模式和商业模式，对传统的影视创作业进行创新提升，并依托数智化技术进行平台建设的数智化转型，建立以数智化创作平台为基础，以无障碍数字化创作方式为主导的创作融合发展模式，通过互联网将创作主体、内容文本与特殊受众进行更为紧密的连接与结合，在此基础上，吸引更多的互补文化创作产品的提供商，注入无障碍电影创作过程，优化无障碍电影的生产资源，既可以丰富无障碍电影文化产品的供给，又可以利用社会更多的各界资源增强无障碍电影的内生动力和创新机制动能，在释放无障碍电影发展活力的同时增强其影视文化服务的竞争力和持续力。同时，要依托数智化技术，着力于无障碍电影的复合系统中心平台的建设，依托大数据、云计算、人工智能等数智化技术，不断调整无障碍电影的产业链和价值链，重构无障碍电影的生产流程和制作体系，加快无障碍电影的新产品、新模式和新服务的创新推广，破除线上与线下、内容与渠道的行业壁垒，以融合化、数智化创作平台的打造汇聚创作者、编辑者、运营商、服务商、版权商和消费者的多方力量，进一步优化无障碍电影创作的生产、流通和使用，有效提升无障碍电影服务的可及性、精准性和可适性。

四、创作作品多维衍生机制

无障碍电影传播具有可及性、公益性和联动性的基本要求，又具有代偿性与可体验性的基本逻辑特征。这就要求无障碍电影不仅要具有积极的社会效益，还需要在产品形态、传播渠道和制作方式等方面体现更好的服务价值。当前，无障碍电影的发展与视听障群体的文化诉求呈反比例发展态势，单一、分散的无障碍电影产品的供给与视听障群体日益增长、渐趋多元的影视文化诉求存在着明显的矛盾，面对特殊受众的视觉和听觉障碍的实际情况，这就需要在无障碍电影的作品环节进行更为丰富的供给，在传播渠道方面实现多维可及；在产品供给方面实现精准衍生；在制作方式方面，实现多元联动，进而形成多维满足的良好发展格局，建立无障碍电影多维衍生的创新机制。机制的建构需要紧扣无障碍电影的内容、形式和传播推广三大关键性要素，在原有基础上，遵循可及性、公益性、联动性、代偿性和可体验性的基本原则，精准对接视听障群体的心理认知机制和影视文化无障碍电影的具体诉求，协同统合无障碍电影的内容、形式与传播推广渠道，形成题材类型拓展、艺术表达形态拓展和推广传播渠道拓展三大支点，建立符合现实发展并具有一定创新性的创作机制，以更好地提升无障碍电影的质量和水准，更好地满足视听障群体对无障碍电影的多元化诉求。

具体来讲，无障碍电影作品创作衍生机制主要包括以下几个方面。一是无障碍电影题材类型的拓展。无障碍电影产品的拓展要回归到内容层面，归根结底还在于无障碍电影题材的多元化选择。以无障碍电影为例，具体的题材类型不一而足，在实证研究的章节中可以发现，当前视听障群体对于影视题材类型的诉求并不统一，个人的偏好决定了不同题材类型的影片在无障碍电影的创作框架中需要不断丰富，相应的是带来具体无障碍改造方式的标准改变。对于动作影片和艺术影片的无障碍介入方式明显不同，尤其是口述影像的创作，需要根据具体类型的题材做相应的调整。在具体的调研中，视听障群体对于当前无障碍电影问题的提出也与无障碍电影题材内容和无障碍创作手段的不协调具有紧密的关联。所以，在无障碍电影产品类型的衍生上，首先要进行题材内容的拓展与延伸，不仅要把握热门题材的无障碍创作与改造，对于一些小众化题材或者新题材类型都需要进行及时的关注并进行无障碍创作方式的及时调整，进而形成类型丰富、题材多元的无障碍电影的作品集群，在创作内容的前端对视听障群体的不同诉求进行更为精准的满足。无障碍电影题材类型的拓展需要创作主体密切关注特殊受众的观影反馈和实际诉求，并与当前影视创作的新动态紧密相关，统筹好创作主体、特殊受众、影视文本和创作机构的不同的价值诉求，在价值融合的交叉点上集中发力，建立相关工作的常态化和长效化机制。

二是无障碍电影艺术表达形态的拓展。艺术表达形态的拓展是无障碍电影衍生的重要方式，它是指产品的具体形式和艺术手段进行扩变。对于无障碍电影而言，除了传统的影视艺术样式外，还可以根据媒介产品的更新和视听障受众的需求进行多维度拓展和延伸。比如，将无障碍电影与当下流行的动漫游戏相结合，同样辅以无障碍手段的具体改造，以更好满足视听障群体的需求变化。同样，针对视障群体的视觉障碍问题，可以选择影视剧的原本书目改为有声书的形式，也可以将影视剧文本针对视障群体的心理认知特点继续改编形成广播剧的形式，以更好地精准契合特殊受众生理条件和心理认知的实际情况。同样，也可以将无障碍电影与休闲娱乐文创产品的制作相融合，延伸无障碍电影的品牌价值，拓展相关的功能价值。无障碍电影还可以发挥其教育功能和属性，通过一定的无障碍方式的处理，作为特殊教育的辅助教具承担教学功能，这也是对无障碍电影产品衍生的具体实践，等等。以上具体方式的列举具有共同的价值特征和属性，那就是基于无障碍电影的本身，紧扣视听障群体的诉求，在产品形式的具体样态上进行适当的改造和变化，以提供更为丰富的产品类型。衍生的新产品与无障碍电影具有一定的关联性，都需要面向视听障受众进行无障碍手段的介入和具体方式的处理，这也是无障碍电影艺术表达形态拓展的基本内容，是无障碍电影衍生创新机制的重要组成部分。

三是无障碍电影推广传播渠道的拓展。无障碍电影的衍生除了题材类型和产品形态，与之相辅相成的传播渠道也在考量范围之内。无障碍电影的传播渠道与动漫游戏、广播剧、有声书和特殊教育辅具以及休闲娱乐文创产品的具体方式有所不同，虽然介入了无障碍的辅助手段，但是，衍生产品比之无障碍电影的传播渠道更具广泛性。比如有声书和广播剧不仅适合视障群体也适合普通群体，并且具有一定的市场受众空间；所以，在具体的传播渠道方面，随着无障碍电影的衍生，相应的传播推广渠道也应相应地实现扩展增多的趋势。所以，在做好无障碍电影产品衍生的同时，要协同创作传播推广环节，做相应的传播渠道延伸，调动多方面媒介资源，打造线上与线下联动的传播格局，以视听障群体的使用媒介习惯为基本参照，及时了解特殊受众的具体诉求，以便捷性和可及性为基本准则，最大限度地放大传播渠道的推广效应，有效连接特殊受众与无障碍电影之间的信息传播渠道，进而实现无障碍电影的高质量传播。需要注意的是，无障碍电影推广传播渠道的拓展不是简单的传播方式增量，而是需要根据具体衍生产品的特点和视听障受众的诉求进行量身定做的传播推广设计，需要符合衍生创作产品的传播特点，做到因地制宜，具体问题具体分析。

五、受众接受素养培育机制

视听障受众是无障碍电影创作的中心环节，也是无障碍电影传播后端反哺创作前端的重要载体。在一定程度上而言，视听障受众接受的效果和反馈意见对于无障碍电影的质量提升具有重要意义。无障碍电影的受众与普通受众相比具有特殊性，视听觉生理层面的功能障碍带来心理认知和外部信息接收的诸多不同，由于视觉和听觉的障碍，在具体的传播接受层面需要进行相应的辅助性无障碍改造措施。这些举措有外在的无障碍环境和相关辅具的配置，也有内在的视听障受众的接受特点和理解能力作为重要的影响要素。显然，受众接受素养属于内在要素，必然涉及受众个体自身的综合能力和素质，尤其是知识积累、专业技能和综合能力，都直接影响着视听障受众对于无障碍电影的接受程度。就无障碍电影而言，影响受众接受程度的主要有三重基本素养：一是特殊受众的影视剧“观看”经验，二是影视知识美育提升的能力，三是与无障碍辅助手段和配套设施的融通度。三者相互依存，共同建构起特殊受众“观看”素养的基本切面，成为受众接受素养培育机制的重要着力点。

无障碍电影的“观看”经验积累是指特殊受众通过一定频次的“观看”影视剧的实践得到的知识增长和技能训练。与特殊受众的“阅片量”和“看剧”频次紧密相关。显然，“阅片量”越多，“看剧”频次越高，特殊受众对于影视剧的理解和把握就越顺畅，尤其是视听障群体，由于视觉和听觉障碍在影视剧内容的理解上存在一定的局限性，所以，视听障受众与无障碍电影之间存在一定的传播鸿沟，鸿沟的弥合除了外在配套的无障碍补足，显然还需要受众个体自身综合素养的提升来补足因视听觉障碍所带来的“观影”差距，这也是本书以心理认知为视点进行无障碍电影研究的基本考量，在整个无障碍电影流程的框架下在关注创作主体和创作内容的同时，建立特殊受众的中心机制便有了现实价值和积极意义，进而建构起从创作主体到无障碍电影传播推广再到受众接受的综合逻辑进路。“观看”经验的积累具有可操作性，而且实施起来具有便利程度的可行性，经过一定程度的引导和训练，可以有效应对无障碍电影在推广传播过程中因为特殊受众的生理条件的局限性所形成的一些困束性问题，通过特殊受众综合“观影”素养可以有效拉近传播受众与无障碍电影之间的“距离”，进而完成无障碍电影对视听障受众的有效传播，从创作链条的后端完善无障碍电影的整体传播机制，解决无障碍电影的传播精准度不高的问题，也可以提升视听障受众对无障碍电影内容的体验感和深入理解程度。

特殊受众的影视知识的美育能力提升主要是指他们对影视基本知识的了解和审美教育的接受程度。这与特殊受众的受教育程度、文化基础知识以及对影视的接触频次紧密相关，是受众接受素养培育机制的重要组成部分。知识与技能联系紧密，知识是技能的基础，技能是知识的深化拓展与应用。在“观看”影视剧的过程中，审美能力是决定影视信息传递的重要因素，也是提升特殊受众无障碍电影信息接收的有效路径。作为鉴赏技能的重要组成部分，审美能力的提升又依赖影视文化基础知识的夯实。所以，无障碍电影质量的提升需要以影视文化知识为基础，以审美能力的训练为支撑，以有效提升影视信息接受技能为着力点，进而形成特殊受众坚实的影视传播接受综合能力。影视文化知识与审美能力以及传播接受技能三者之间具有紧密的逻辑关联，影视文化知识是审美能力和传播接受技能提升的基础，审美能力是影视文化知识的延伸和拓展，传播接受技能是影视文化知识和审美能力共同作用的结果。特殊受众接受素养的提升依托以上三个方面形成综合素质的积累，进而有效连接视听障特殊受众与无障碍电影之间的传播贯通，强化无障碍电影的传播效果，以利于特殊受众更为深入、更加精准和更具体验感地理解创作内容，并形成良好的传播效果反馈，最终，有效补足当前无障碍电影传播效果对应性不强、体验性不高的问题，以特殊受众影视创作文化服务诉求的满足助力无障碍电影的高质量发展。

无障碍辅助手段和配套设施的融通度是指特殊受众使用无障碍辅具、媒介操作技能、无障碍设施使用技巧以及一些软性无障碍手段的了解和接受程度。这是无障碍电影受众素养培养的重要部分，与前面的经验与美育共同建构起心理、艺术与技术的三重维度，与本书研究理念的基本思路十分契合。随着新媒介技术的快速发展，无障碍电影辅具的积极作用优势渐彰，以智能耳机、蓝牙 LE 音频技术等为代表的无障碍手段和设施在影视创作传播中的应用越发广泛。显然，无障碍电影的发展走向呈现出技术化的趋势，由此给无障碍电影创作实践与特殊受众的“观影”环境带来诸多改变。所以，特殊受众素养提升机制不能忽略无障碍辅助手段和配套设施的融通度，需要强调无障碍受众多方面的技术素养：一是对最新无障碍技术前沿发展的了解，包括具体辅具与软件开发的最新进展、高技术更新发展、新型无障碍电影形态等内容，对前沿技术信息的把握有利于进一步增强特殊受众的综合媒介素养，是特殊受众综合技能素质的重要部分；二是具备对相关辅助技术的运用技能，尤其是具体的操作方法以及辅具的具体使用，熟练地掌握以上技能有利于特殊受众更好地融入无障碍环境建设；三是对辅助技术与无障碍电影传播接受的统合性掌握，以手机新媒体平台的无障碍剧场和线下的无障碍影院为载体，通过相关技术方法的操作进一步增强特殊受众深度融入无障碍电影情境的体验感。

第二节 无障碍电影创作质量提升的创新路径

一、加强前端策划顶层设计，打造协同联动综合体

位于创作流程前端的创作策划是整个创作过程的首要环节，市场调研、选题分析、创作设计等创作要素都需要在这一环节得以完成。显然，当前的无障碍电影的创作具有随意性和非连贯性的特点，在无障碍电影的生产上没有像传统的影视创作一样形成系统化的具有稳定性的创作生产体系。所以，无障碍电影质量提升的首要创新路径便是对创作策划前端环节的重视与落实。

影视创作策划是指策划人员在进行充分的市场调研的基础上，对影视艺术作品推广发行生命周期的各个阶段进行科学谋划、精准计划和系统筹划，在此基础上进行最佳组合策略的设计，以最大限度取得良好社会效益和经济效益的创作行为。影视创作策划主要包含三个方面的基本内容：一是影视作品的选题策划，主要是对影视作品的思想蕴含、主题意旨、题材内容等要素进行有组织、有计划、有机制的科学系统的预测并制订科学的可行性创作设计方案；二是影视创作制作策划，主要是针对影视艺术作品的内容进行编辑调整，进一步提升影视艺术作品的艺术品质和审美张力，最大化供给更为契合受众需求的创作内容；三是影视创作的营销策划，主要包含影视无障碍电影的推广发行、形象宣传、作品衍生、受众接受、效果反馈等要素内容，最大化弥合受众与创作内容之间的传播鸿沟。

同样，对于无障碍电影而言，仍然需要遵循影视创作的机制要素和流程环节，仍然需要凸显策划的系统性、预测性、计划性、汇聚性和统筹性。在具体创作内容的涵盖层面，依然由选题策划、创作内容制作和营销推广三个部分组成。所不同的是，需要针对视听障受众特殊的生理和心理特点进行无障碍化的处理和辅助性的改造。

要强化无障碍电影创作的提质增效，首要的便是明晰影视创作策划的具体内涵和价值指向。影视创作策划是具体实践中创作主体对创作客体的主观能动反映。一方面，影视创作策划作为心理认知的特殊活动具有客观性，是影视艺术生命周期内创作与传播规律的客观反映；另一方面，影视创作策划又具有一定的主观能动性和创造性特征，它不仅能够反映出影视创作发展的基本规律和本体特征，而且可以根据影视创作的目标任务不断调整和优化创作过程中的具体实践策略和行动，建构独具自身特色的传播推广方式，努力建构符合影视创作主体和受众需求的无障碍电影。显然，影视创作策划是基于对影视艺术发展规律和特点所进行的主动性认识，是对影视创作实践活动经验的凝练总结，并形成富有牵引性和指导性的顶层设计，在此基础上提炼出的具有经验示范性的策略方法。影视创作作为一种特殊的心理认知活动，必然与本书所倡导的研究视角具有心理认知维度的一致性。它生成于具体的影视创作活动，但又回归到影视创作的流程，在实践中不断得以丰富、深化和发展。所以，正确认知无障碍电影是提升创作质量的首要环节，也是总结创作活动的重要组成部分，深刻认知无障碍电影活动的内涵来源，确立无障碍电影的特色策划机制，成为无障碍电影活动质量提升的有效路径。

其次，要确立无障碍电影策划的无障碍理念和精准对应性。在无障碍电影创作过程中，要确立创作策划的重要地位，在策划创作的前端要树立无障碍理念。同时，针对视听障群体的信息接收特点和心理认知特征进行选题确认、无障碍电影制作方式选择和传播推广设计，要着力于凸显无障碍电影的可及性以及特殊受众信息接收的便利性，以可获得性和可适性为创作策划的主体目标，最大限度地满足特殊受众的影视创作文化需求；要平衡好社会效益和市场效益之间的关系，无障碍电影具有特殊性，公益属性明显。所以，在创作策划的前端需要精准的市场定位，应该以社会效益为主，适当兼顾经济效益，突出无障碍电影的普惠性非基本服务特点，凸显政府职能部门的政策赋能，鼓励市场机构进行适当的市场化运营，引导社会公益团体和志愿服务资源共同参与，建构无障碍电影成本价格的分销机制，推进无障碍电影的常态化和长效化机制；要充分考量视听障群体的生理特征和心理认知特点，深度关照特殊受众的信息接收特点，策划多形式、泛类型的影视创作衍生品，采取多元化、便捷性优的传播渠道，针对特殊群体的感知功能的实际情况提供精准的可适化产品，形成贴近度高、对应性好、体验感强的无障碍电影精准供给体系，进一步提升特殊群体文化满足的服务质量和供给水平，进而提高无障碍电影策划的针对性和有效度。

最后，要着力于建构无障碍电影策划的协同汇聚实施路径。通过对无障碍电影策划内涵的系统分析，不难发现其汇聚性和系统化的特点。所以，在无障碍电影策划的过程中，一是着力提升联通选题策划、创作内容制作和营销推广三个策划部分的协同，突出“选题—内容—传播”的流程链条的畅通性，在计划层面贯通创作主要环节的连贯性和共融度，形成层次明晰、章法有致的创作策划体系。二是着力提升创作资源的汇聚力和融通度，建设无障碍电影智库，打造无障碍电影内容共创共享综合体，建构社会各界资源汇聚联合体，兼容业界和学界专业资源，为无障碍电影策划提供坚实的智力支持和资源保障。三是着力提升策划环节的创作机构、文本内容和受众接受的协同度和融合力，以无障碍电影内容的创作牵引创作机构、影视机构、志愿公益团体与特殊受众影视文化需求的契合度，强调不同要素的相互结合，着力在创作端设计多要素的资源整合，最大化集约优势资源形成合力，形成具有规模性的特定无障碍电影供给体系，在创作策划阶段完成相关的产品方案设计，有效破解当前无障碍电影系统性不强、精准性不高、对应性不足的问题，增强无障碍电影各环节的协同度以及多方资源的汇聚力，进而有效提升无障碍电影的供给能力和服务质量。

二、彰显代偿辅助特色张力，建构无障碍创作传播情境

感官代偿是无障碍电影的基本逻辑，也是身心机制视域下创作内容进行无障碍改造的重要基础，体现出无障碍电影的生理逻辑和心理机理。视听障群体能够通过身心机制的通感互补的代偿性规律完成对外界影视信息的接收，

能够实现无障碍电影与特殊受众之间的传播贯通。但是，这一传播层面的贯通需要无障碍改造进行辅助，需要对各个创作环节进行无障碍的处理与设计，以最大限度给予视听障群体的影视文化满足提供便利。

无障碍电影的核心要素是无障碍，无障碍的身心基础和机制逻辑是人体的感官代偿功能。无障碍电影传播的基点在于通过视听联觉和知觉互补等方式对视听障受众的视听功能障碍形成一定辅助性的弥合。所以，无障碍电影质量提升要着力于凸显创作实践的无障碍特色，强化辅助性功能，通过无障碍软件和硬件的融合共生建立无障碍创作的传播语境，依托新媒介高技术营建沉浸式“观影”场域，确立无障碍电影传播内容的代偿性创作理路，进而有效提升面向视听障群体的无障碍影视作品质量，助力公共文化服务体系均等化建设。

第一，要建立无障碍电影创作传播内容的代偿性创作理路。无障碍电影内容主要依托无障碍的二次改造。目前无障碍电影的创作方式已经较为成熟，主要采取口述影像、手语和字幕添加等无障碍手段对影视视听符号进行转化，以知觉的互补形成对视听觉障碍进行代替性补偿，以最大限度便利视听障特殊受众“观看”无障碍电影，实现无障碍电影传播效果的最大化。

在具体的实施路径上，一是做好视听元素代偿性转化的辅助工作，根据视听障受众的心理认知特点，对原版影视的具体场景、人物特点、行为动作等影视艺术要素进行口述影像、手语和字幕添加等无障碍手段的补足，并根据最新的研究成果进行标准化建设，从心理、技术、艺术三重维度提升无障碍手段与视听叙事内容的深度融合；二是做好无障碍电影内容的精准选择与供给，选择面向视听障受众更具精准性的传播内容，充分考虑视觉障碍与听觉障碍的区别性，强化创作内容之间的融合与区分，增强不同内容之间的协同性、系统性和精准性，最大限度满足视听障群体不同受众的具体创作内容需求；三是做好无障碍创作传播内容的创新性变革，探求更多具有契合性和贴近度的无障碍改造方式和手段，鼓励实验性无障碍电影创作的探索与尝试，综合运用最新媒介技术，以心理和艺术的双向度融合有机推进媒介技术的融入，进而缩减特殊生理特征对视听障群体“观影”所带来的阻隔和不便。

第二，要借助现代传媒技术营建沉浸式“观影”场域。随着媒介传播技术的高速发展，无障碍电影的产品形态也发生了巨大的变化，与传统的磁带、光盘等载体形式相比较，数字化格式的无障碍电影形态逐渐流行，进而引动特殊受众对无障碍电影观看形式的变化。目前，视听障受众“观看”无障碍电影主要有影院和新媒体手机两个基本场域，影院分为传统的影院和由志愿公益团体组织建立的自由影院两种形式。无论是怎样的场域或形式，都需要无障碍辅助手段的改善以便特殊受众更好地接收影视信息的传播。除了心理认知和艺术层面的无障碍辅助化改造，技术层面的改进同样需要引起重视。随着媒介技术高速地更新换代，以高技术为载体，创新打造更具沉浸体验感的“观影场”。比如 VR 技术的引入、语音识别、文字合成、智能服务等，这些技术与无障碍电影的深度融合不仅可以提升创作内容的体验感，而且可以进一步增强受众对影视艺术的深度体味，形成具有审美共情的观赏语境。所以，无障碍电影不应该排斥技术性要素，而要倡导技术、艺术与心理认知的有机融合，尤其是在创作内容和平台建设方面，强化技术要素的辅助性功能，创新设计更具便利性和体验感的内容形式和接收渠道，进而助力视听障受众与无障碍电影实现高质量的传播沟通。

第三，要着力开发具有贴近性和针对性的无障碍电影观赏辅具。当前，无障碍辅具的开发主要集中在身体康复和生活辅助方面，面向残障群体开发的娱乐休闲辅具并不多见，这与视听障群体日益增长的文化娱乐需求存在着明显的矛盾。对于无障碍电影的“观看”，除了媒介高技术和软性的无障碍手段的辅助，实际上，以无障碍电影为主体开发的娱乐辅具也极具需求潜力。作为无障碍电影传播的前沿阵地，无障碍影院责无旁贷，完全可以实现无障碍电影与休闲娱乐辅具开发的深度融合，在创作内容的制作过程中，嵌入配套的辅具，如同纸质版的学习资料配备相关音像资料一样，可以跨媒介、跨载体、跨形式探索无障碍电影的多元化产品体系，以无障碍电影为核心，配套相关物质形式的无障碍辅助工具，比如，在辅助影视剧中的味道体验时，可以设计收集相关味道的辅助器具，让受众的体味更具具身感。在具体的设计层面，强调触觉、嗅觉和味觉对视听觉的弥补作用，通过器具的触摸、味道的切身感触，增强与情节传递引起身心反应的共情感。比如，面对听障受众感觉音乐、声音的难题，可以设计具有律动效果的辅具器具，通过触动感觉形成动感的韵律，以触觉的形式形成与听觉感应具有相似性的感触，进而实现人体视觉、听觉、触觉、嗅觉、味觉的联动，进一步提升无障碍电影面向视听障受众的传播质量。

三、强化创作内容标准化，调整文本类型空间细分

空间对于电影艺术具有重要意义，对于无障碍电影的创作而言，也同样重要。尤其是对于视障受众，在对影片进行无障碍改造的过程中，如何处理好电影空间的无障碍表述尤为重要。北京大学邱章红教授认为："电影的时间流变是通过一系列的空间转换来实现的，空间语言就成为其主要言语手段，因此电影的视听语言系统向来都是围绕空间建构而展开的。"① 这一论述有效呈现出空间对于其他电影元素的核心价值意义进而确立了空间对于电影艺术表达的中心地位。青年学者焦勇勤认为："电影镜头的视觉性先验地要求电影叙事空间具体、明确，且具有连续性。"② 正因如此，空间在电影叙事中的作用举足轻重，也是电影艺术化表达的重要载体，能够为电影叙事的内涵定位和发展提供指向性的功能，成为深入理解、体验电影艺术的重要元素。国内最早从口述影像的视角研究无障碍电影的学者赵雅丽在其论著中总结了决定电影叙事的三大要素，即逻辑关系、时间关系、空间关系。③ 其中，空间关系和逻辑关系最难为视障受众所感知，而逻辑关系又建立在空间关系的基础之上，空间的视觉性特点使其在电影的无障碍改造中既重要而又颇具难度。青年学者潘祥辉、李东晓在论文中直接解释了这一无障碍电影创作的难点："将

---

① 邱章红：《3D 电影空间的构成元素分析》，《当代电影》2017 年第 2 期，第 132 页。

② 焦勇勤：《试论电影的空间叙事》，《当代电影》2009 年第 1 期，第 114 页。

③ 赵雅丽：《言语世界中的流动光影：口述影像的理论建构》，中国台北：台北五南图书出版公司 2002 年版，第 220—221 页。

视觉画面编码转换成声音信号是困难的，特别对于电影而言，每一幕影像停留的时间非常短，画面内容丰富，解说者需要将空间场景、人物，如在什么地方、具体什么位置、有什么对象、人物的表情、穿着、行为等等都要解说清楚。"①

综上所述，叙事空间是影响视障受众"观影"体验感的重要元素，是深入理解电影艺术的有效通道。无论是"推拉摇移跟升降"运动镜头的语言生成，还是蒙太奇画面的叙事组接，都离不开在场的电影空间。在电影中，所有的人、事、物都离不开在场空间的场景依托，这是电影艺术重要的空间图景显现，也是无障碍电影实现与视障受众进行体验性沟通的必要条件。

在这样的语境下，再去考量无障碍电影口述影像路径的叙事补足，在视障受众的"可及性"体验方面的问题便呈现了出来：因为无障碍电影的口述影像都添加在电影文本的无对白声音之处，并通过对画面信息的解说来形成对视障受众视觉信息的补充，但这种补充是以时间序列为逻辑的，如果从空间的视角审视，它实际上处于断痕状态。既然空间是电影与众不同的特色，也是理解电影的重要入口，在无障碍电影影像符号转化成文字符号的过程中如果让"在场的空间"丢失，那么，视障受众的"观影"体验自然无质量可言。

当前，无障碍电影的创作开始呈现标准化趋势。在2021年上海国际电影节期间举办的无障碍电影论坛上，《无障碍文娱作品制作流程与技术标准》发布并提交中国盲人协会申请团标，这标志着在中国无障碍文娱作品制作有了规范化的行业标准。在无障碍电影创作标准化的背景下，作为内容层面，不同电影的空间表现也需要进行类型细分。

克里斯蒂安·麦茨之后的电影符号学的"三分法"② 为电影空间内容的分层提供了理论范式和具体划分的参考。据此，笔者将所要阐释的电影空间

---

① 潘祥辉、李东晓：《绘声绘色：中国无障碍电影的发展现状及展望》，《浙江学刊》2013年第4期，第193页。

② ［法］让·米特里：《电影符号学质疑：语言与电影》，方尔平译，长春：吉林出版集团有限责任公司2012年版，第30页。

划分为三个层级：第一层级是表层空间。这是电影空间最为浅显和直观的层次，物性化和交代性较强。具体指代的空间内容是地理场域的相关内容，比如不同人物和事件发生的地点以及地点之间的转场和变化，这也是无障碍电影每个段落中嵌入口述影像所需要首先描摹的内容。在影像表达维度上，该层级景别以全景和远景为主，注重画面感和整体感，影像传递的触感是平面的，描述注重简短流畅，层次清晰。

第二层级是关系空间。这是比较复杂的层级，涉及空间中“人、事、物”之间的关系。比如，在电影的空间场景中，人物之间是敌对关系还是同盟关系，与事件的发展有着怎样的关联，场景中的一些特殊道具有怎样的叙事助推意义……这一层级是对“表层空间”的深入补充，也是促进视障受众深入理解画面信息的关键切口。由于想象与联想的心理机制需要通过声音传播以形成刺激知觉感受，所以，“关系空间”的口述呈现也是在较短时间内让视障观众明晰电影叙事进程和发展的重要辅助，这显然比单纯地描述“表层空间”更具可及的体验性。在影像维度上，这一层级的景别以中景和近景为主，适当涉及特写，比较注重对人物关系的阐释。在声音传递上注重生动活泼，在语言的描述上凸显贴近性和故事性。

第三层级是意蕴空间。这是电影空间中想象维度最为丰富的层级，是电影艺术独特性体现最为明显的部分，也是对于视障受众而言最难理解的内容。这一层级是前两个层级的体验升级版，更多的是指向电影的隐喻画面、意境气韵以及风格特征。无障碍电影较难表现的诗意镜头、武打场景、隐喻意象等都属于这一层级。所以，在无障碍电影的制作中，口述影像应该着重考量这一层级，综合镜头运动、光线色彩、景别组合、细节设置、情景交融等场景调度的要素，突出抓住视觉画面流动的特点，并予以声音的构型进而激发视障受众的心理知觉，增强电影艺术魅力的体验感。

三重空间类型的划分进一步细化了无障碍电影的内容表达，有效提升了无障碍电影创作的标准化程度。尤其是对第三层级意蕴空间的区分，改写了以往无障碍电影“一刀切”的创作理念，进而实现了注重不同类型场景的精准化表述。比如，节奏快速、场面复杂、动作繁多的武打场面，显然按照以往空白处添加口述影像的传统模式无法形成视障受众较高质量的“观影”体验，这就需要做适当的镜头分切或者较大幅度的影像片段改造，尤其是对武打动作的描述和武力比拼的结果如何适当表达和得体呈现，显然与其他类型的场景有所区分。对于武打动作的描述，需要切合视听障受众的认知程度，并且要予以具体化的呈现，对于动作招式要做修辞手法的形象描述，而且要言简意赅；再比如一些艺术电影，比如《刺客聂隐娘》的影像语言风格独特，如何呈现出来也是需要进行相应的归类。三个层级的空间类型划分实际上对电影的无障碍表述进行了分级，每个层级的表述要求并不相同，这也是无障碍电影创作标准化的一种重要体现，也是无障碍电影创作质量提升的重要优化路径。

四、弥合创作传播鸿沟，培育特殊受众“观影”素养

连接无障碍电影与视听障受众的无障碍传播同样离不开鸿沟理论的探讨。与知识鸿沟指向所不同的是，无障碍电影的传播鸿沟主要是因为视听障受众的生理条件的特殊性所造成的。对比普通受众对于视听艺术接受的优势，无论是听障受众还是视障受众都很难达到普通观众的视听体验。因为对于听障受众而言，手语与字幕的添加虽然有助于他们理解电影的情节，但是，由于听觉元素的遮蔽让他们很难体味电影情感高潮点的审美共振。比如，背景音乐、主题曲、插曲、不同人物的音色、影片中的模拟音这些听觉艺术要素很难被手语和字幕立体化呈现，进而形成听障受众对于电影艺术内容的理解障碍；视障受众比听障受众的“观影”情况稍好，因为听觉艺术要素经过人体的感官代偿功能机制被他们更为敏锐地感触，视觉艺术要素的遮蔽也可以通过口述影像的辅助加以补足，困束视障受众“观影”的主要因素是电影类型场面的精准呈现和有限的口述影像描述时空。以上困境形成无障碍电影对于视听障受众的传播鸿沟，让贯穿其中的无障碍传播的价值指向有了更为精准的确认，即弥合生理条件带来的电影视听艺术

的传播障碍。

在前面章节的实证研究中可以发现，无障碍电影传播鸿沟的弥合对于视听障受众而言并非束手无策，在指向“观影”质量的前提下，视听障群体的“观影”素养与观影质量紧密相关，在一定程度上而言，“观影”素养的提升成为弥合无障碍电影传播鸿沟的有效路径。笔者在这里所强调的“观影”素养包含观影数量、观影知识、无障碍电影的创作与观赏经验等多重要素，通过这些要素的强化和补足，在一定程度上可以消匿视听觉障碍所带来的“观影”困束，或者说可以有效提高视听受众的“观影”质量。

于是，在实证调研的基础上，笔者提出“无障碍电影知识渐进计划”，以期有效弥合无障碍电影对于视听障受众的传播鸿沟。“无障碍电影知识渐进计划”是一项综合性、系统性工程，需要依托高等院校、社会课堂、公益活动等多元化平台的资源汇聚来协同完成。“渐进计划”首要解决的是视听障受众“观影”素养提升的问题，对应的最为重要的三重元素是阅片量、电影基础知识和电影创作的实践体验。阅片量指向的是观影经验和阅片习惯，这对于特殊受众深度体验无障碍电影意义明显。“渐进计划”具有坚实的生理和心理基础，当人经常做某件事情时，在心理感知层面便会形成一定频次的强化刺激，进而对所做的事情形成“熟能生巧”的效果。

提升视听障受众的“观影”素养主要有三重路径：一是充分发挥视听障学生的重点带动效应。一般而言，学校具有得天独厚的科教资源和艺术教育优势，视听障学生具有一定的文化知识基础，在此基础上进行电影艺术的审美鉴赏具有扎实的可操作性，通过对视听障学生的“观影”素养提升可以形成可观的反哺效应，一方面，他们能够影响生活圈中的视听障人士的影视知识储备；另一方面，他们具有培养成无障碍电影创作与传播生力军的可能性，能够有效充实无障碍电影创作与传播的人才队伍。

二是充分发挥社会文化场所和社区的科普讲座与课堂的普及效力。这既是公共文化服务体系均等化的重要体现，也是传播无障碍电影理念与知识的重要平台。在具体的实施层面，以高等院校和社会文化场馆为主抓手，对影视艺术的美育以及相关的创作知识进行科普性讲解，同时，辅以经典影片观摩，强化视听障群体的阅片量和观影经验。考虑到实际传播效果，科普讲座与课堂可以探索灵活多样的传播形式，注重线上与线下相结合，相关部门也要做好激励引导，通过一定频次的积累和考核，给予多种形式的奖励。高等院校应该充分发挥科教资源得天独厚的优势，设立相关课程，申报相关课题，并成立专门的工作室，打造无障碍电影传播渐进计划的实施先锋。

三是打造品牌化志愿服务公益团体。这主要根据无障碍电影的自身特征所设计。当前，无障碍电影还不具备市场运作的完善机制，难以形成可持续的发展竞争力，主要依托的还是公益化路径。在无障碍电影的公益化推进过程中，需要精准施策，突出重点，以更好地发挥资源积聚的优势。志愿服务公益团体可以是学校的视听障青年群体力量和社会文化场所和社区的科普讲座与课堂的双向融合，双向融合的交叉叠合点可以形成许多项目“抓手”。比如，无障碍志愿服务团队建设计划，可以招募部分视听障人士和普通人士，面向学校和社会实施无障碍“观影”服务计划，在观影之前，对视听障受众进行简要的影片介绍，对其中的一些重要场景和精妙的艺术展现手段进行讲解，由此而形成的经验储备无疑对于增强视听障受众的“观影”体验具有积极意义。同样，在观影过程中，以志愿服务的形式进行辅助式的讲解和翻译能够进一步便利视听障受众对于影片艺术的深度理解；观影结束后，以观后交流的方式趁热打铁，对影片进行回顾式交流和探讨，无疑能够更进一步融通无障碍电影的传播成效。观后感交流的方式可以多样化，既可以是座谈交流，也可以是评论写作，还可以是个体分享。总之，无论哪种方式都具有共同的价值指向，即共同提升观影的理解度和体验感。

综上所述，视听障受众的“观影”素养有赖于教育路径的普及度和覆盖率，接受教育的视听障受众的数量与“无障碍电影知识渐进计划”的效度呈正比例发展；视听障受众的“观影”素养还与公益活动和公益团体的发展程度紧密相关，以无障碍志愿服务团体为代表的有益资源的聚集度越高，无障碍受众的“观影”素养的提升也越容易实现。因为无障碍传播既是一个双向奔赴也是资源汇聚的过程，需要形成一定的社会氛围营造和公益要素的积聚，进而为视听障受众“观影”素养的提升提供坚实的保障支撑。

五、强化普惠性非基本创作服务理念，打造创作传播“流动场”

无障碍电影在推广发行渠道上，依然采用的是传统的影视发行渠道和模式，无论是送达效率还是服务范围都具有一定的局限性。互联网时代的到来对无障碍电影发行的突围与破圈提供了时代语境和现实基础。

移动互联网的数字化、快捷化和便利性为无障碍电影的创作推广提供了更为多元和丰富的平台，磁带、录音机、光盘、电脑逐渐被手机新媒体取代，越来越多的视听障人士选择手机来接收影视信息，与此相对应的是，传统的音像制品的形态也日趋数字化改造，无障碍电影的融合化态势越发明显。在这样的发展语境下，无障碍电影文化服务的供给必须根据最新变化及时进行调整，主动融入时代科技发展的大潮，以残障人士新的生活需求为目标，努力实现无障碍电影的数字化转型，建设无障碍影视数字化平台。这一实施路径的提出具有坚实的现实基础和迫切的文化需求。

当前，无障碍电影内容更新的滞后是影响无障碍创作质量和视听障受众“观影”体验的关键性因素。造成这一问题的根本原因在于影视作品版权的困束。版权限制是当前制约无障碍电影的关键性因素，不仅影响着无障碍电影内容的更新，而且阻碍着视听障受众高质量观影体验感的形成。由于版权保护是维护电影高质量发展的重要保障，如何处理好权利人的合法权利和便利使用人合法使用的复杂关系是影视版权领域的一个重要命题。

对于无障碍电影而言，由于在制作和发行之初并没有纳入特供视听障群体的法律约定和具体策划，在后续的使用中也没有严谨完善的方式确保影视产品能够精准对应到视听障群体进行专门“观赏”。所以，一直以来，无障碍电影的内容更新相对滞后，视听障受众很难及时观看到当前热播的影视内容，从而也影响了无障碍电影内容的更新质量和特殊受众接受的体验感。

对于这一问题的解决，在前期调研和理论分析的基础之上，笔者将解决问题的视点聚焦到承载影视剧播放的场域中，提出“流动场”的观点，因为，无论是传统的影院还是当前时兴的以手机为代表的新媒体平台，都构成了一个影片播出的在场性。只有在场性的成立，视听障受众才能在内容更新方面获得具有均等化的“观赏”权利。而对于无障碍电影而言，同样需要这样的一个“流动场”来完成创作作品的传播，实现创作的社会价值功能。当然，这种在场性的成立又需要建立在经济逻辑的基础之上，也就是说，权利的保障需要承担经济义务，这也是视听障群体“观影”质量的一个重要影响元素，这又牵涉公共文化领域的又一重要概念，即普惠性非基本公共服务。普惠性非基本公共服务是为满足公民更高层次需求、保障社会整体福利水平所必需但市场自发供给不足的公共服务。扩大普惠性非基本公共服务的核心是增加服务供给、提升服务质量、降低服务价格。①

当前，无障碍电影的供给还属于公益性行为，具有普惠性基本公共服务的典型性特征，免费无偿观看是当前无障碍电影面向视听障受众传播的主要特点。这原本是极具社会效益的积极行为，但是，面对艺术经济市场发展的形势，要进一步提升视听障群体影视文化服务和无障碍创作的质量，普惠性非基本公共服务路径是必然的选择路径。市场化手段的参与不仅可以提升面向视听障群体的影视文化服务质量，而且可以更好地体现视听障群体的社会参与性，能够通过较少经济成本的分担培养其独立性人格。再者，经济化手段的调控对非基本服务内容的供给可以进一步保障视听障群体观看最新影视剧的机会，进而有效破解版权困束的内容创作难题。比如，通过购票，视听障群体完全可以和普通人士一样到影院观看最新上映的影

① 孙鸿鹤：《提高公共服务水平 增强均衡性和可及性》，《光明日报》2022 年 11 月 15 日，第 6 版。

片，所不同的是，需要通过主导部门引入志愿者力量为视听障人士的观影提供一定程度的辅助。普惠性非基本文化服务理念也为无障碍电影提供了新的质量提升思路。一方面，市场化运营的手段有效地破解了无障碍电影供给的持续性和时效性问题；另一方面，普惠性的理念可以让视听障群体的文化权益最大化，为无障碍电影的常态化实施提供具有长效性的动力机制。

综合考虑，视听障群体的普惠性非基本影视文化服务的实施路径可以采取两种模式：一是可以采取“政府补贴+影院优惠+个体适当承担+公益志愿服务”的模式，具体而言就是选择部分影院的影厅作为试点，影院根据成本对当前热映影片面向视听障群体作优惠折扣处理，政府职能部门按照一定比例对影片作一定的经济补贴，剩余少量金额由视听障受众个体承担，由社会上能够提供无障碍服务的志愿团体承担电影的无障碍化二次加工。该模式发挥了普惠性非基本公共文化服务的优势，既遵从了市场规律，平衡了公益性和商业性，也破解了版权困束的模式，在遵从法律框架协议内完成无障碍电影创作内容的及时更新，既保留了志愿服务的公益性，也能够通过付费激励影院的积极性，有效强化了视听障受众的“观影”体验感和均等化程度。

对于无障碍电影而言，这一模式启发可以有效连接无障碍创作与实体影院和影视机构的合作创新模式。以往的相关模式主要由影视公司以公益形式赠送出版社相关影视剧的版权，出版社可以以多种创作形式对这些影视剧进行无障碍改造并进行推广传播。但是，这些影视剧的时效性较弱，最新的影片数量较少。所以，采取“出版社+影视公司+影院”的模式对于影片的更新意义显而易见。在这个基础上，对于传统的创作模式也是具有革新意义的，由对无障碍电影的聚集拓展为对传播推广方式的观照，这也是针对版权和内容更新问题所进行的更具针对性和可操作性的方案。

二是可以采取云影院模式，依托网络平台和头部视频平台，在影院播出影片以及电视台播出剧集的尾声阶段，开辟网络平台的第二播出空间，在时效性上，该模式与最新影视剧的首映和首播相比稍显滞后，但是“观看”方式更为灵活，在价格分销上，主要采取“个人适当网络付费+广告分销+政府补贴”模式，即个人适当承担云影院会员的购置费用，在这里可以具体细分特殊残障群体和普通群体，对特殊残障群体实行更大幅度的优惠，对普通群体采取适当优惠原则，主要面向那些不愿去影院观影或者错过最佳观影时间的受众，每部影片的价格适当比影院播出的价格低，由此形成两个群体之间经济价格的互补。电视剧经过无障碍改造可以以会员制形式播出，付费也是采取多方分销的机制，最大限度减少视听障群体的经济负担。

该模式主要的依托点在于影视传播的时间差，当影片排片进入尾部阶段时，在网络平台进行二次开发，实际上是延长了影片的市场价值。对于电视剧而言，这一模式具有同等意义。但是，因为影视剧的时效价值还在，对于无障碍电影的创作仍具有内容更新的意义，并不影响视听障受众“观看”的时度效。所以，这一模式具有具体实施的可行性和可操作性。云影院可以适当引入相关广告来充实网络平台的利润空间。同时，由优惠价格带来的利润损失可由政府相关职能部门以公益事业支持的方式作适当补贴。

不难发现，无论是传统的影院还是网络平台的云影院，实际上，根本的着力点都在于建立一个无障碍电影传播的“流动场”，这个“场”不是固定的，而是根据具体的情况以流动的方式选择适当的平台。比如，除了影院和网络平台，在有条件的城市也可以选择电视台作为“流动场”，但是基本模式都是一致的，都是采取多元力量的汇聚来实现无障碍电影内容的更新，指向的都是普惠性非基本公共服务的核心要素，即增加服务供给、提升服务质量、降低服务价格，实现的效果都是对无障碍电影的创新探索。所以，在一定程度上而言，“流动场”流动的是地理空间的场域，破解的是因为公益性与商业性的冲突所造成的无障碍电影传播的症结。“流动场”的启示在于破解无障碍电影理念的困束性，综合形成“融合+汇聚”的模式，这也是无障碍电影质量提升需要重点考量的有效路径。

当然，在实际操作中要具体情况具体分析，要区分不同城市能级和公共文化服务体系建设的现实情况，考量不同出版社的业务情况和自身特色，深度综合考量政府财政收入、区域经济和居民收入水平、公共文化服务体系的实施配套等情况，在具体的影院选择上，也要考虑地理位置、经济效益以及便利度等多重因素。所以，在具体的实施上，笔者更建议采取试点化模式，选取部分不同类型的有条件的城市和音像出版社进行“无障碍影厅计划”的先行先试，然后总结经验，形成具有可行性的推广模式，进而不断提升无障碍电影的时效性、精准性和可适性，最终，以无障碍电影推动视听障群体影视文化服务工作的高质量发展。

第八章　无障碍电影的应用拓展与个案扫描

第一节　无障碍电影与视障群体美育应用①

近年来，无障碍电影开始呈现出应用扩容化态势，逐步向教育、文创、公共服务等领域拓展。随着国家对残障人群的关注和重视，无障碍美育也成为满足视听障受众文化诉求的重要路径。

2020 年 10 月 15 日，中共中央办公厅、国务院办公厅颁布《关于全面加强和改进新时代学校美育工作的意见》，意见的颁布实施为学生全面素质的培养指引了发展方向。

值得注意的是，美育的发展是全民素养的提升，视障群体作为美育的特殊对象，虽然在身体生理条件上与美育的实施存在矛盾冲突，但是，他们不应该被排除在美育素养提升的行列之外。这不仅是国家层面倡导的“全面建成小康社会，残疾人一个都不能少”的发展战略的必然要求，也是新时代美育工作精准化发展的客观需要。

由于特殊的身体生理条件，视障群体在全面素质教育上存在一定的短板，尤其是影视美育方面由于视力障碍的阻隔让视障群体在影像艺术的接触上处

① 本节部分内容笔者已整合成专门论文发表，见高森：《基于视障群体美育需求满足的无障碍电影创作反思》，《教育传媒研究》2021 年第 4 期，第 90—92 页。

于间隔状态。而单纯的听觉艺术显然不能完全满足视障群体的美育诉求，这与新时代美育工作的全面素质培养的目标指向性也不相符。

于是，在新时代美育工作全面素质培养的新要求语境下，如何打通视障群体与影视艺术的视觉障碍成为影视美育精准化的重要命题。而无障碍电影以最受欢迎的综合性艺术——电影为创作基础，引入无障碍理念，成为视障群体影视艺术文化诉求满足的主要载体，为视障群体美育全面素质培养的工作目标提供了典型样本。因此，在新时代美育工作精准化的发展视阈下，以美育的影视艺术部分为研究切入点，重点研究无障碍电影在视障受众无障碍传播接收方面存在的问题以及相应的对策便有了明确的现实基础和可操作价值，相关的研究结果对于做好视障特殊群体美育工作的主动性和科学性也将具有积极意义。

一、无障碍电影与视障群体的美育需求满足

（一）无障碍电影的概念及审美特征

无障碍电影是专门为方便聋人与盲人观看的经过加工的电影。它是一个“绘声”“绘色”的过程，通过重新剪辑或增补配音解说、增配字幕及手语解说等方式，让视听障碍者无障碍地感知光影世界。① 不难发现，无障碍电影对视障群体的文化需求满足具有重要意义。从 2009 年 4 月 23 日上海图书馆推出的中国首部无障碍电影《高考 1977》开始，无障碍电影在北京、上海等大城市逐步发展开来，成为当前无障碍电影的主要形态。

无障碍电影与传统的影视创作的审美特征不同，主要表现在以下三个方面：

（1）口述影像是无障碍电影内容的主要创作方式

口述影像也称为影像描述（AD），是一种通过口语或文字叙述，将视障者无法接收的影像讯息转换成言辞符号，以帮助视障者克服视觉障碍的过程。

---

① 潘祥辉，李东晓：《绘声绘色：中国无障碍电影的发展现状及展望》，《浙江学刊》2013 年第 4 期。

对应到无障碍电影，口述影像是在普通的影视艺术作品静音处增补对布景、场景、人物表情、动作等重要的视觉成分的语言解释和描述，以便视障者能够获取更多的影像信息从而更好地理解电影内容。① 由此，基于口述影像的本体特征形成了无障碍电影内容叙事语言的审美特点：一是符号视角下的无障碍电影叙事语言是将视觉符号转化成言辞符号；二是传播接受视角下，无障碍电影要在符号转化的过程中找准“实体”和“意义”，这与影视剧中的诗意镜头和意境审美紧密相关；三是叙事视角下口述影像的蕴含包括故事与叙述两个部分，其最终的本质指涉是如何说才能让无障碍电影能够更为精准地传达叙事蕴含。

（2）作为创作内容的无障碍电影逼真性的体验主要通过视障受众的想象与联想的知觉感触来完成

想象、理解、情感等心理机能可以在普通观众群体中产生，也可以在视障群体中产生，所不同的是，普通观众的心理机能可以直接由视觉刺激生成，而视障观众的心理机能则要依靠声音以及他人的外在描述辅助形成。虽然在这个过程中，每个人的经历以及对现实世界的理解不同。但是，视知觉包括旧经验②，视障群体的想象、理解与情感等心理机能的形成完全可以绕开视觉障碍的局限，能够实现艺术审美体验的抵达。

（3）声音是无障碍电影审美建构的主要元素

声音具有表象性质，能够通过某些特征制造观众的想象氛围，③ 这对激发观众对影视艺术影像的想象性理解架构了畅通渠道，无障碍电影完全可以通过口述影像的声音表现与视障受众的思维想象实现“可及性”沟通。视障受众则完全可以通过声音来判断空间的外在表征。比如，观众听到声音的混响

---

① 李东晓：《听见　看见：影视媒体的无障碍传播研究》，杭州：浙江大学出版社 2013 年版，第 138 页。

② 郭宁：《视知觉原理与影像画面剪辑应用——以〈雾霾〉为例》，河南大学硕士论文，2016 年。

③ 李婷：《声音的认知过程从认知心理学角度谈观众对影视声音的认知》，《北京电影学院学报》2008 年第 1 期，第 15 页。

时长则直接对应于人脑感知经验中对于空间的判断等，这样微妙的声觉感触可以与视觉一样通过刺激观众的心理进而实现审美的体验沟通。毕竟，在人们观看电影的过程中，视听元素始终是作用于观众的生理和心理的。

（二）无障碍电影作为视障群体美育需求满足路径的可行性

1. 影视艺术的本体特征与美育特点相吻合

《关于全面加强和改进新时代学校美育工作的意见》明确提出："美育是审美教育、情操教育、心灵教育，也是丰富想象力和培养创新意识的教育，能提升审美素养、陶冶情操、温润心灵、激发创新创造活力。"不难发现，美育的主要功能在于：培养审美能力，丰富情感维度，拓展精神世界，塑造完善人格，最终指向人的全面而自由的发展。所以，审美性、情感性、普遍性是美育素养提升的核心内容。这与影视艺术所呈现出的本体特征恰好具有较好的吻合度。

影视艺术是一门综合性艺术，融合文学、美术、音乐、建筑、摄影等多种艺术样式为一体，通过特殊性与普遍性、形式与内容、主观与客观的辩证统一，以艺术典型传输艺术情感，具有较高的审美价值。而且，影视艺术的篇幅容量较为集约，能够在较短的时间内完成审美艺术的呈现，在视障群体特殊生理特点的前置条件下，时空的集中化无疑能够减轻视障群体的美育压力。

不仅如此，由于时空容量的篇幅所限，影视剧的情节片段、人物形象、叙事线索等核心元素的呈现并不复杂，反而比较清晰明了，有利于视障群体整体上把握电影的情节脉络进而理解电影的艺术内涵，方便这一群体通过影视艺术实现审美体验。

影视艺术与受众的沟通严格遵循着艺术规律，主要通过情感性的共鸣和普遍性价值观的传递来实现主题意旨的传达。由于时间和空间比较凝练，所以在一定程度上电影的表情达意的功能更为强烈。如果不能够在有限的时间和空间中感动观众的内心，那么影视艺术的传播则很难取得理想效果。这就需要充分考量受众的普遍性的接受维度和思想接受，并予以人物塑造和情节建构以强而有力的情感注入，催动受众内心的情感涌动，进而实现较好的艺术沟通，这与美育的情感性和普遍性是相一致的。

2. 口述影像的叙事补足手段为美育实施提供无障碍路径

无障碍电影承继了影视艺术的本体特征，在经过创作重构之后依然保留了影视艺术的审美性、情感性和普遍性的特征，在此基础上附加了无障碍理念和手段。就视障受众而言，最典型的就是附加的口述影像的辅助手段。通过在原有电影文本的静音处增加对画面信息的描述，将影像符号转换成文字符号的叙事补足为视障群体“观影”的可及性体验铺设了无障碍通道。就口述影像的无障碍路径而言，主要通过两个方面来实现影像画面信息的可及性传递：一是口述影像的符号转换。无障碍电影通过文字对影像的转译，借助想象力、联想力以及现实经验的通感交替来实现视障受众对影像画面内容的感知和体悟。二是声景构型。即受众通过声音能够判断出影视艺术叙事的空间，特别是对画外空间的判断。视障受众虽然看不见影片的空间信息，但是完全可以通过声音来判断空间的外在表征，这样微妙的声觉感触可以与视觉一样通过刺激观众的心理进而实现审美的体验沟通。与视觉相一致的是，声音也要求受众亲身感触并与自己对客观世界的理解融合形成印象感知，从而可以更好地理解口述影像的表述内容和电影文本的画面信息。

值得注意的是，随着智能技术和媒介载体的不断更新，无障碍电影的无障碍边界也将超越口述影像的范围，而且边界的界定会越发宽泛，在无障碍电影与视障受众之间的传播沟通将有更多的可能。这些都为无障碍电影作为视障群体美育需求的满足提供了可操作空间，并夯实了可行性基础。

二、影视空间：作为视障群体影视美育需求满足的障碍存在

无障碍电影为视障群体美育需求的满足提供了较好的可行性基础。但是，这并不代表在具体的实践过程中没有任何障碍。因为视障群体特殊的生理条件决定了这一群体无法像普通观众一样观看电影，在这样的现实语境下，视障群体“观影”的无障碍实现更多的是依靠口述影像作为叙事补足的手段，

由此实现对影视艺术的理解。但在具体的实践中，当前口述影像对于影视艺术本体特征的展现并不理想，突出表现在由于口述影像嵌入的时空性局限并不能够很好地描摹影像空间进而形成对影视艺术深入理解的障碍。因为，空间是影视艺术重要的本体叙事体现，“电影的时间流变是通过一系列的空间转换来实现的，空间语言就成为其主要言语手段，因此电影的视听语言系统向来都是围绕空间建构而展开的”。① 那么，就视障群体而言，在以口述影像作为主要沟通手段的前提下，要实现对影视空间的理解显然不是传统的口述影像对画面信息简单的描述那么简单。毕竟，口述影像嵌入无障碍电影的空间和时间的容量有限，视障受众能否通过简短的描述来顺畅地理解影视艺术叙事的内容都无法做肯定的结论。但无障碍电影中的空间隐匿障碍对特殊受众影视美育需求的满足所形成的障碍却是明显而清晰的：一是影视空间是一个整体概念，伴随“影像流”需要不同场景的过渡，如果口述影像不能从空间的视角入手让视障观众在脑海中建构出自己的影像空间，那么，他们最终很难理解电影的影像叙事艺术。由于影视艺术审美通达性的主要手段是影像叙事，那么，最终审美障碍也会阻碍视障受众的美育需求满足。二是影视艺术修辞的隐喻意蕴如果没有关系空间的口述表达，视障受众则很难体味影像画面的言外之意和象外之声，而影视艺术修辞以及引申的意蕴是电影重要的审美性表达，对于意蕴理解的障碍最终会影响审美教育效果。三是影视艺术诗意镜头的感触。诗意镜头是影视本体特色的重要表达载体，也是体现影视艺术性和思想性的重要手段。诗意镜头对影像的要求较高，对影视空间的调度极具艺术性，就是普通受众也很难说能够通过想象力的激发对诗意镜头的意旨理解到位，更何况视障受众在视力障碍的条件下更难实现可及性体验。但是，诗意镜头的审美特征是理解影视艺术的关键，尤其是诗意镜头中最为重要的两大核心元素“意象和意境”是电影审美性的重要支撑。无障碍电影与视障受众之间如果无法实现电影意象和意境的可及性传递，那么在欣赏的过

---

① 邱章红：《3D 电影空间的构成元素分析》，《当代电影》2017 年第 2 期，第 132 页。

程中艺术审美对于视障受众而言则很难实现，美育效果自然无从谈及。

所以，有一个逻辑关系必须清晰，既然空间是无障碍电影内容层面与众不同的特色，也是理解无障碍电影的重要入口。那么，在无障碍电影中影像符号转化成文字符号的过程中如果让“在场的空间”丢失，无障碍电影的观影体验自然无质量可言。由此，在口述影像解说的过程中，如果对影视空间有着离场性的漠视，便会形成影像描述的双重障碍，即视觉空间障碍和符号转换的空间障碍。如果说视觉空间障碍是由于视障受众自身的身体条件所难以避免的，那么，由影像符号向言辞符号转化过程中的空间描述障碍则显然与视障受众的身体条件无关，而是与无障碍电影的制作对影视空间重要性的意识不足相关。实际上，在口述影像解说词的撰写中，传播主体容易忽略电影空间的特殊性，但是，这种忽略对视障受众的“可及性”体验却形成了新的障碍。因为，“在电影中，视觉画面‘瞬间’‘流动’‘混合’的呈现方式，构成了电影表达意义的表意结构”。① 其中，画面无论怎样流动，都是有一个空间范域作为界定，并将画面加以流程式连接并作简明的描述。这是隐匿在视障受众“观影”体验身后的隐形障碍，也是无障碍电影在满足视障群体影视美育需求上所应重点关注的方面。

三、基于对策视点的无障碍电影的创作反思与重构

显然，无障碍电影的空间表述障碍隐匿了视障受众审美想象力的提升进而拘束了这一群体美育需求满足的张力。笔者认为，从影视美育满足的功能视角考量，无障碍电影的创作至少应该在以下三个方面进行反思与重构。

（1）关于无障碍电影空间呈现的多维度展现

在无障碍电影的口述影像服务中，应该将影视空间概念引入无障碍电影解说词撰写的标准化体系之中，使口述影像的解说内容吻合影视空间的表层空间、关系空间和意蕴空间的层级划分，对指涉空间内容的转场、人物关系、

① 赵雅丽：《口述影像：一个翻译与再现观点的对话》，《新闻学研究》2002 年第 70 期，第 97 页。

方位隐喻等元素的描述做出精准细致的界定与观照：一是在表层空间的描述上对空间场景的描述体现出一定的逻辑关系，场景空间的表达要有整体性；二是在关系空间的描述上凸显细节，例如补足人物表情的解说，对诗意镜头和武打性场景的描述增强对比式表达，解说词的表述要贴近视障受众的现实经验，增强声音与电影空间感情色彩的协调对位；三是在意蕴空间的描述上进一步丰富化，比如增加情节伏笔的表现频次，对一些寓意性的画面信息进行提示和说明。通过对以上电影艺术三重空间的口述性描述进而解决无障碍电影转场割裂、细节缺失和维度单薄的问题，增强视障受众“观影”的可及性体验，进而丰富他们对电影艺术的想象性理解，通过无障碍电影实现审美想象力素养的培育。

（2）通过技术性和非技术性手段进一步强化口述影像的体验性感知

在非技术方面，可采用一些其他的辅助手段对观影体验进行优化，比如：联合高校和职能部门针对视障受众举办一系列的影视艺术知识的普及性讲座以夯实视障受众理解影视艺术的基础；引导视障受众增加关于无障碍电影的阅片量，以丰盈视障受众对于无障碍电影的触感和“观看”经验；倡导多遍观影方式以便进一步增强视障受众对于影视的深入理解，补足关于细节元素的体验缺失，减弱视障受众对于影视艺术的理解难度。在技术方面，可考虑进一步丰富知觉的刺激手段，借鉴引入 4D 电影的震动、吹风、喷水、烟雾、气泡、气味等模拟效果以增强视障受众对于影视艺术相关场景的体验度，并通过 3D 打印技术补足视障受众对无障碍电影的体验缺憾。毕竟，技术的不断更新与发展，是当代媒体传播体验性的物质基础。①

（3）重构无障碍电影的概念界定和创作方式

根据无障碍电影的原有概念可以发现口述影像的空间存在是原有影视剧的声音空场，但随着视障受众对文化艺术需求的日益提升，电影声响空白处的口述影像并不能够形成完整的逻辑关联和成型体验。因为整部电影可提供

① 裴磊：《观影方式改变下人类身体感知系统的自然性与当代媒体的传播体验性研究》，《当代电影》2011 年第 12 期，第 106 页。

影像服务的声响空白处委实不多，很难将影像画面的丰富信息量表述清晰。而且，本有的电影版本的受众定位是普通观众，从创作理念和意识的角度审视，也不可能给无障碍电影的口述影像提供充分的表达空间。所以，无论是口述影像的空间呈现还是辅助手段的效果提升都不足以从根本上解决由视觉障碍形成的特殊受众对无障碍电影的体验障碍。在这里，笔者大胆论断，原有的无障碍电影概念其历史使命已经完成，并开始束缚其现实实践的发展。在文化发展的新时代，小康社会的关键期，无障碍电影的概念甚至是创作与制作体系应该着眼于整体的变局，而不是仓促地在简单的声响空白处的画面作口述影像的补足。未来的无障碍电影应该根据现实的发展以及视障群体的生理特征和文化需求的变化进行整体重构，以原有的电影作为创作内容的蓝本，从体验性视角出发，以整体的影视艺术空间意识为牵引，不只是拘泥于电影的静音空场，而是可以对整部电影的镜头单元以及声音进行全新的处理，包括引入空间的呈现、“4D”感触系统等，同时，尝试适当改变电影的长度以及调整镜头的顺序以便为口述影像提供宽广的空间。当然，在具体的实践层面，需要与原有的电影叙事进行精细化融化，在此基础上方便视障受众理解电影的情节、体味影视艺术的细节、品味影视艺术，而不仅仅拘束在电影无对白处添加口述影像，毕竟，影视艺术的核心在于影像空间叙事，而不是外在表层的影像全貌，空间艺术作为无障碍电影内容的重要来源也影响其具体概念内涵和制作体系的重构。

视障群体的美育问题是新时代美育工作需要关注的重点问题，在国家层面倡导“全面建成小康社会，残疾人一个也不能少”的战略背景下，新时代美育工作如何实现精准化具有迫切的现实需求和发展语境。无障碍电影作为深受视障群体欢迎的文化需求满足的重要艺术载体，在美育精准化的转向上也应大有可为。然而，视觉障碍的身体生理条件决定了视障受众“观影”体验的障碍，作为无障碍电影的主要叙事补足手段，口述影像服务以“声音构景”和“符号转换”的优势为视障受众的“观影”提供了可行性路径。但是，在具体的表述中，影视艺术空间意识的缺位造成了口述影像在体验电影的本体性方面又存在新的隐匿障碍，进而束缚了视障受众审美想象力的提升。所以，如何增强视障受众对于影视艺术空间的“可及性”体验成为决定视障受众美育需求满足质量的关键环节。以联想和想象为代表的心理机制为视障受众的电影空间感知提供了影像知觉的可能性路径。由此，重构无障碍电影的概念以及创作方式、增强技术性与非技术性的辅助手段、将影视艺术空间引入无障碍电影解说词撰写的标准化体系等，成为视障受众有效感知影视艺术空间、进一步增强“可及性”的“观影”体验进而精准化提升视障群体美育需求满足水平的有效对策，这也是下一阶段无障碍电影适应不断变化的新形势和不断出现的新问题，催生无障碍电影发展新动能和新活力的主要走向。

第二节　视听障题材电视剧的传播尴尬与对策构想①

作为无障碍影视重要内容的视听障题材电视剧具有题材方面的特殊性，以视听障群体为主角的人物塑造序列以及由此展开的情节排布对于深入理解无障碍影视内容的传播具有一定的启示性意义。对此进行深入系统的研究不仅可以明晰无障碍影视内容的扩容发展，而且对无障碍影视传播推广对策也具有重要的启发意义。

2020 年 1 月 25 日，国内首部走近听障群体的公益剧《幸福的理由》在官方微博向粉丝拜年，但并没有提及该剧在 2020 年何时播出，其辗转已久的播出平台仍未定档。值得注意的是，该剧的题材具有一定的特殊性，主要反映的是听障群体的生活。为了拓展该剧的传播影响力，剧集选用钟汉良、王晓晨等流量明星加持，从 2017 年开机以来便备受关注，对比以往视听障题材电视剧的前期推广，该剧在传播空间上可谓具有较为坚实的基础。但遗憾的是，该剧虽然未播便广受关注，但其播出进程却一波三折，迟迟无法确定播出平台。从 2018 年剧集公布海报及片花并被爱奇艺认领，到 2019 年年初步确定在爱奇艺平台播出，再到 2020 年播出具体日程音讯全无，其中的辗转曲折令人深思。作为个案的背后是视听障题材电视剧传播推广的尴尬。电视剧《幸福的理由》本来就是这一题材领域影视剧表现的冷门，创作数量也并不多，尤其是近几年从电视剧备案表中鲜见同题材剧目，仅有的《幸福的理由》一部却还迟迟无法落地定档。在以往的剧目播出中，视听障题材电视剧的传播情况也不甚乐观，除了 2013 年在央视一套黄金时段播出的电视剧《推拿》以外，其他该类型电视剧在传播中并没有引起观众太多的关注，少量的创作加上弱化的传播现状成为视听障题材电视剧的尴尬存在。作为无障碍电影内容

---

① 本节部分内容笔者已整合成专门论文发表，见高森：《视听障题材电视剧的传播尴尬与应对策略——从公益剧〈幸福的理由〉说起》，《文化与传播》2020 年第 2 期，第 86—90 页。

的重要来源，视听障题材电视剧的传播尴尬实际上也是无障碍电影推广发行困境的缩影。一方面，反映出该类内容在影视产业市场运作体系中的弱势地位以及经济效益获取的劣势；另一方面，作为创作内容也在一定程度上衬托出无障碍电影发展的局限性。但是，这一尴尬存在与国家层面的政策指向和现实生活的文化需求并不一致，乃至产生倒挂现象。党的十九大以来，在全面建成小康社会的历史进程中，残障群体对美好生活的向往得到国家的更多关注和关怀。据统计，目前，全国共有1700多万视障人群，在国家迈入新时代发展的语境中，如何满足视障人士日益增长的精神文化需求，成为立足国家战略、服务社会公益事业发展的重要议题，受到社会各界的广泛关注。其中，电视剧作为覆盖面广、受众群多、影响力大的大众艺术文化产品，理应在视听障群体的现实生活表达上发出声音，以其生动直观的视听语言记录视听障群体的现状，反映视听障群体的精神面貌丰富视听障群体的文艺生活，满足视听障群体的文化诉求，为丰富无障碍影视内容做出应有贡献。

视听障群体电视剧的创作与传播除了在本体层面对视听障群体进行关照，而且，在践行新时代文艺创作指针上也有着重要意义。视听障群体是人民的重要组成部分，也是文艺创作的重要源泉。所以，创作接地气、贴内心的视听障题材电视剧也是新时代文艺的必然遵循，不仅体现了新时代文艺创作对视听障群体平等尊重的艺术态度，也能够以文艺作品为载体，助力视听障群体生活有着更为广泛的社会影响力，通过无障碍影视的传播更好地帮助特殊群体融入社会生活。

然而，令人遗憾的是，与重要的传播价值形成鲜明对比的是视听障题材电视剧作为无障碍影视内容在发行推广层面存在的传播尴尬，该类题材电视剧的传播问题直接制约着文化小康和文艺创作精准化的实现。于是，深入、系统地研究视听障题材电视剧传播存在的问题并进行归因分析进而提出可供参考的意见建议便有了重要的理论价值和现实意义——不仅可以为无障碍影视的传播质量提升提供经验借鉴，而且可以为进一步丰富视听障群体影视文化产品的供给体系。

一、视听障题材电视剧创作传播尴尬的表现

1. 传播平台弱势化

就电视剧播出平台而言，CCTV 综合频道和电视剧频道以及湖南卫视、江苏卫视、浙江卫视、东方卫视和北京卫视等被公认为电视剧播出的强势平台，也是播出电视剧收视率和社会影响力的有力保障。但是，综观诸多视听障题材的电视剧，能够在以上平台播出的也是寥寥无几，仅有《推拿》（濮存昕等主演，2013 年在央视一套播出）、《你是我的眼》（沈腾等主演，2015 年在央视八套播出）、《青蛙王子》（钟凯等主演，2007 年在东方卫视播出）。其他的也只能选择在弱势的三线卫视平台以及地面频道播出，更甚者直接选择网络平台，如电视剧《大声呼喊你回来》（戴娇倩、邵兵、奚美娟、刘莉莉、赵毅等主演，2008 年在搜狐和优酷网络平台播出），而新近制作的电视剧《幸福的理由》，虽然有"国内首部走近听障群体的公益剧"的定位和钟汉良等流量明星的加持，但是也始终无法落地强势播出平台，一度也传出要在爱奇艺等网络平台播出的消息，但一直也未实现。

当然，在电视媒介与互联网日趋融合的语境下，网络平台的传播力不可小觑，但是，网络平台的受众圈层比较集中，年轻受众属性突出。就电视剧的传播力衡量而言，要覆盖老中青全方位传播圈层，还需要有传统的央视和省级卫视平台作为有效载体。而且，就传播效度而言，这些强势的传统播出平台也更能够引起关注。视听障题材在电视剧的表达领域中属于小众化题材，也不是电视剧拍摄的热点内容，如果在传播平台的选择上不能够占据强势载体，很容易在传播效度上也形成制约，最终弱化了该类型电视剧的传播力。视听障题材电视剧作为无障碍电影重要的内容来源，其传播平台的弱化也从侧面反映出当前无障碍影视以市场化手段营销推广的窘境。

2. 传播内容驳杂化

除了传播平台的弱化，视听障题材电视剧的创作本身也面临着尴尬的局面，最集中的就是创作内容的驳杂化形成传播内容的定位不精准。以电视剧

《幸福的理由》为例，该剧在类型定位上就存在模糊化、不够精准的问题。该剧宣传定位是“国内首部走近听障群体的公益剧”，还是首触音乐治愈题材的原创都市暖情剧，又是现代都市爱情剧，如此驳杂的定位让创作内容很难凝心聚力去形成精准而强劲的叙事力度。由此造成人物塑造、情节叙事、主体表达等相关创作元素也存在着尴尬矛盾。在人物塑造的定位上，该剧过于精英化标定反而缺少普适性的接地气感，无法表达出更大范围听障群体的真实境况，脱离了听障群体的实际生活；在情节叙事上，偶像情感剧的错乱定位让故事情节也缺乏叙事表现的新意：前任抛弃又后悔反追，父母反对又返悟同意，商战危机又促成误会和解，偶然相遇又产生深情，现任贤惠又为爱离开，男女循环又连环相爱……这些情节的设置在电视剧的叙事中已很常见，相似情节的重复让整个剧集的叙事不仅老套而且凌乱；在主题表达上，老套的剧情设置撑不起剧集对于听障群体关注的主题表达，听障群体的人生发展绝非局限在这些小儿女情调和老套的恩恩怨怨上。以上表达元素的驳杂化直接导致了剧集传播内容难以精准定位，内容的精准化欠缺也直接导致了传播效度的弱化。这一问题也为无障碍影视的推广传播提供了经验启示，在具体内容生产方面应该精准对应视听障群体的影视文化诉求，实现创作内容的精细化和贴合化的定位。

3. 宣传、发布保守化

电视剧的宣传与发布是对电视剧的第一印象推介，与剧情发展、剧作水平协同度高的宣传途径对电视剧的宣发有重要的促进作用。① 就视听障题材电视剧而言，其宣传与发布的协同配置并不到位，具体表现在：一是理念认知不足，在电视剧推广中，制作方并不重视电视剧的营销宣传，该类型电视剧相关的宣传报道和观众媒体见面会较少便是很好的印证；二是宣传理念保守，主要是中规中矩的新闻报道，不痛不痒地写点剧情，缺乏特色亮点的呈现和有效的活动营销推广，无法形成较为集中的话题度和关注度；三是宣传发布

① 郭修远：《电视剧传播效果影响因素研究》，《中国电视》2018 年第 11 期，第 71—72 页。

缺乏专业深度，只是以小篇幅新闻为主，缺乏深度的专业平台挖掘和相关的专业分析，如在“影视独舌”“电视剧鹰眼”等专业平台，都鲜见视听障题材电视剧深度挖掘的文章，专业深度的欠缺让该类型电视剧无法形成受众传播的纵深发展，自然会制约电视剧的传播效果。同样，无障碍影视的宣传推广也面临着类似的问题，亟须破题。

二、视听障题材电视剧创作传播问题归因分析

视听障题材电视剧传播所存在的问题是多方面的，但归根结底在于对特殊类型题材的艺术表达定位不够精准，发力错位。由于电视剧传播是一项系统工程，是多方面传播要素协同推进的结果。所以，关于传播的整体定位不精准，往往会带来传播渠道、传播内容、传播受众等多方面传播要素的混乱，进而影响传播效果。

电视剧一旦确定了创作题材，就需要根据题材对整部电视剧的创作以及传播进行量身定做的策划设计。就电视剧传播而言，需要根据题材的特点进行特色定位，包括播出的时机、创作主体、传播平台、营销推广、内容设计、品牌延伸、受众确认等都要做相应的配套协同。视听障题材具有自己的特殊性，一方面因为自身的数量以及社会融入的程度决定了其冷门题材的属性；另一方面，视听障群体又具有重要的社会价值和人文关怀特质，适合影视形式进行更为深层次的人生探讨，毕竟影视在关注大众化传播的同时还有着社会责任的担当和文化价值的意义。所以，在具体的传播过程中，视听障题材电视剧需要有适合自身特点的精准定位，而不是杂糅多类型元素进行兼顾式表达。

综观以往的视听障题材电视剧，在创作设计上往往偏重都市情感定位，而与当前的政策机制关联度不高，在题材挖掘上也难以深入群体的生活深处，无法以艺术视角形成形式与内容、特殊性与典型性的统筹观照，所以致使主题的呈现更多的是展现个体情感的小悲欢，无法形成群体性的话题共鸣，进而在传播过程中无法形成话题效应，最终影响了剧集的传播热度和效度。传

播效果的影响反过来又会造成传播平台以及制作主体在考量市场利益之后进行潜在的艺术创作规避，这又造成视听障题材电视剧创作数量的减少，创作与传播形成恶性循环，最终造成了该类型题材电视剧传播的尴尬局面。以上问题归因的分析对无障碍影视传播困境也具有参照意义，涉及创作策划、创作内容、平台建设、受众反馈等多个方面，需要进行系统化分析并制定应对策略。

三、视听障题材电视剧创作传播问题的对策建议

1. 题材内容与表现形式吻合

李安先生认为："从传播学的角度考察电影，就是要将电影的制作、发行、放映、效果看作是一个完整的大众传播过程。将电影放在一个宏观的背景下去研究，而不是研究被单独看待的、某一局部的环节。"① 同样，电视剧的传播也不单是传播渠道和营销宣传的问题，而是涉及多元素、多方面的系统性过程，所以电视剧前期创作的内容定位和表现形式也具有重要意义。视听障题材是社会公益性题材，所以，在剧集的类型定位上不适宜走都市偶像商业路线，而应定位于主旋律现实主义或者治愈系温暖现实主义类型，在此基础上，视听障题材电视剧在表现风格上应该是写实的，要挖掘这一群体的人生底色并予以艺术再现，包括色彩基调、演员选择、美术设计等相关影视表现元素也应该与此相照应，形成内容与形式的统一；在文本内容的选择上，应该争取文学 IP 以及社会真实事件的使用，以便夯实前期的传播积累，利用原有的"粉丝"关注来拓展电视剧的后期传播影响力，进而实现双向维度的传播效果。总之，视听障题材电视剧要注重传播内容与形式的有机统一，这是作为艺术作品基本特征的涵盖，也是改进该类型题材电视剧传播问题的有效举措。

---

① 邢永川：《民国时期广西电影传播初探》，《文化与传播》2016 年第 12 期，第 42 页。

2. 创作内容与发展语境的契合

发展语境是电视剧传播的外在基础，也是保障传播效度的重要前提。在具体维度上，发展语境的营造由政策导向、职能主管部门的参与、播出时机、市场形势等多方面元素构成。在具体建构上，剧集应该注重与传播内容进行有机契合：一是剧集的主题定位要对接时代政策的主流导向，以电视剧的表达形成对政策关联的艺术互动，与政策的针对性和指向性互频共动，既符合政策指引的重点，又能够以艺术作品表达出政策机制对群体生活的影响，生成接地气的艺术表达风格。二是在创作主体上要积极主动争取中国民政部、中国残疾人联合会等主管部门的支持，甚至是联合制作，这些主管部门拥有丰富的视听障资源，联合制作能够为电视剧的传播营造良好势头，也容易为传播效度的实现提供协调保障。三是在播出时机上，要注重与播出平台协商沟通，与国际盲人节、国际聋人节、全国助残日等关键时间节点相衔接，形成良好的时节氛围支持，实现作品关注与节日关注的力度统筹；在市场形势的研判上，要根据市场形势的导向做好剧集的前期策划和定位，以公益性主旋律小投入制作为主，适当补充商业类型剧，与市场杠杆调节相呼应，增强剧集抗市场风险的能力，构筑剧集在市场竞争中的主动性地位。

3. 传播平台与剧集风格的聚合

传播平台是剧集传播影响力的有效保障，也是增强剧集传播效度的良好支撑。就当前的电视剧传播格局来看，视听障题材抗风险的能力非常薄弱，而且在传播的具体操作上可变性较大，所以，要有效规避这一问题，必须在剧集创作的前期制定有效的预案和预定措施，其中重要的一项内容就是有保障性的可确定的传播平台，毕竟，剧集与平台的传播力聚合能够实现更好的传播效果。视听障题材具有自身的特殊性，上文笔者已经论述了该类型剧集的整体定位为主旋律现实主义或者治愈系温暖现实主义，这也决定了该类型剧集应该建构自己的平台选择体系：第一圈层为央视一套和央视八套以及湖南卫视、江苏卫视等五大卫视平台；第二圈层可选择主打电视剧的安徽卫视、凸显情感伦理的山东卫视、注重温度表达的江西卫视等非一线卫视平台；第三圈层可以选择中国教育台等特别频道实现个性化、特色化传播。在平台确认的基础之上，剧集应该在创作上着力对位平台个性，与平台节目编排实现更好的融洽对接，甚至制作方可与传播平台进行订单式的精准化创作，这些都是规避传播风险和尴尬格局的有效举措。

4. 播出模式与制播营销的融合

在营销方面，全方位、多平台、多渠道、全阶段的合理网状营销成为主流。① 视听障题材的公益性较强，所以活动的开展可以依据这一特点进行相关的活动设计：一是剧集可以结合创作的内容特点在相关的节日设计相关的公益性活动，活动的涵盖融入剧集的创作元素，并形成一定的长效机制，将后续的活动延展与剧集播出后的内容做有效连接，以延伸营销活动的影响力和对剧集传播的支撑作用；二是要积极融入预定播出平台的内容制作，比如可以与播出平台旗下的电视综艺节目合作，共同推出相关内容的节目，为剧集的播出预热；三是举办较高层次的研讨会作为播出中期的配套式传播资源，以实现更高层次的传播；四是拓展话题传播维度，以传播议程设置相关话题，在社交平台延展话题热度，对应剧集的播出形成多维度传播支撑。

综上所述，视听障题材电视剧作为无障碍影视内容的重要组来源，由于其题材的特殊性，在具体的传播过程中无可避免地会形成传播定位、平台选择、内容创作、营销保守等方面的困境难题，在一定程度上制约了该类型题材电视剧的传播质效提升，也对无障碍电影的有效拓展形成了消极影响，难以在视听障群体影视文化服务满足方面发挥应有的作用。实际上，在无障碍电影的传播体系中，类似《推拿》《幸福的理由》等电视剧是以视听障群体作为剧集的主角，所以，在具体内容的创作与传播过程中更具契合性，但是，在具体无障碍电影的数量方面却并不多，进而影响了视听障群体文化满足的社会关注度提升。虽然，当前这一题材类型影视剧的传播力并不强，但是，这一影视题材独有的政策关注等优势又为该题材类型影视剧的传播提供了发

---

① 刘月彤：《电视剧跨屏传播的发展动力与传播策略》，《中国传媒科技》2017 年第 11 期，第 51 页。

展空间，只要定位精准，在创作内容上与发展语境、传播平台和营销宣传做科学的策划设计，视听障题材影视剧完全可以实现较好的传播效果，为小众化题材有效实现大众化传播提供有益的理论参考和样本借鉴，也能够为无障碍影视的高质量发展增添内容支撑。

参考文献

一、学术著作

［1］［英］大卫·汤姆森（David Thomson）．如何看电影［M］．黄渊译．北京：世界图书出版公司，2017.

［2］彭玲．影视心理学［M］．上海：上海交通大学出版社，2006.

［3］艾之光．光明影院的故事［M］．北京：人民文学出版社，2023.

［4］王莉，杨子真，郭顺义．信息无障碍发展战略［M］．沈阳：辽宁人民出版社，2021.

［5］赵淑萍，吴炜华．无障碍与文化传播［M］．沈阳：辽宁人民出版社，2021.

［6］马卫．无障碍电影：向善向美之路［M］．上海：上海人民出版社，2020.

［7］黄振锐．与我同行之口述影像入门［M］．香港：红出版（青森文化），2018.

［8］李东晓．听见 看见：影视媒体的无障碍传播研究［M］．杭州：浙江大学出版社，2013.

［9］赵雅丽．言语世界中的流动光影：口述影像的理论建构［M］．台北：台北五南图书出版公司，2002.

二、外文文献

[1] Rodrigo Mariño, Andre Priede, Michelle King, Geoffrey G Adams, Diego Lopez. Attitudes and opinions of Oral healthcare professionals on screening for Type-2 diabetes [J]. BMC health services research, 2021 (7).

[2] Celmira Laza-Vásquez, Núria Codern-Bové, Àngels Cardona-Cardona, Maria José Hernández-Leal, Maria José Pérez-Lacasta, Misericòrdia Carles-Lavila, Montserrat Rué. Views of Health Professionals on Risk-based Breast Cancer Screening and Its Implementation in the Spanish National Health System: A Qualitative Discussion Group Study [J]. PLOS One, 2022 (2).

[3] Victoria G Woof, Lorna McWilliams, Louise S Donnelly, Anthony Howell, D Gareth Evans, Anthony J Maxwell and David P French. Introducing a Low-risk Breast Screening Pathway into the NHS Breast Screening Programme: Views from Healthcare Professionals Who are Delivering Risk-stratified Screening [J]. Women's health , 2021 (4).

[4] Rachael H Dodd, Helena M Obermair, Kirsten J McCaffery. Implementing Changes to Cervical Screening: A Qualitative Study with Health Professionals [J]. The Australian & New Zealand Journal of Obstetrics & Gynaecology, 2020 (10).

[5] Sandra Osei-Afriyie, Albert Kwesi Addae, Samuel Oppong, Hubert Amu, Emmanuel Ampofo, Eric Osei. Breast Cancer Awareness, Risk Factors and Screening Practices among Future Health Professionals in Ghana: A Cross-sectional Study [J]. PLOS One, 2021 (6).

三、学术期刊

[1] 詹成，张晗. 多模态口译教学中的口述影像：研究现状与前景展望[J]. 外国语文，2023，39 (6).

［2］雷静，杨淑佳．视听翻译术语 Audio Description 译名探析［J］．中国科技翻译，2023，36（4）．

［3］谭凯兴．视障群体无障碍影视获取权：依据、困境及实现［J］．太原学院学报（社会科学版），2023，24（2）．

［4］郑志亮，连叶媛．无障碍出版：感官代偿互动体验阅读建构路径［J］．中国出版，2023（22）．

［5］郑志亮，连叶媛，赵含笑．媒体深度融合背景下无障碍出版走出去的路径［J］．出版广角，2023（20）．

［6］李敏．多元交融的无障碍复合出版困境及策略［J］．中国报业，2023（15）．

［7］张清嵋．中英文口述影像语言特征对比研究——以电影《寻梦环游记》为例［J］．现代英语，2023（13）．

［8］邱广宏，邓玉婷．口述影像传播与社会化媒体相适性研究［J］．东南传播，2023（9）．

［9］余苗，冷茹冰．标准、技术与体验：国际无障碍出版实践路径［J］．中国出版，2023（9）．

［10］陈兴．融媒体时代下无障碍出版发展新路径实践探析［J］．智能城市，2023，9（8）．

［11］肖维青，刘禹辰．视听翻译新热点：中国无障碍电影研究——一项焦点小组访谈的调查［J］．翻译研究，2023（1）．

［12］陈霞，王淑婷，鄢秀．语言服务促翻译人才培养口述影像助翻译多维研究［J］．西北成人教育学院学报，2023（3）．

［13］李静，江可心．边界、融合与创新：融媒视域下乡村振兴的口述新闻表达［J］．青年记者，2023（4）．

［14］夏艺萍．弯腰沟畔红旗正艳兰台内外精神永传——“党旗红遍弯腰沟”口述历史与影像记录项目纪实［J］．档案与建设，2023（1）．

［15］桂笑冬，高美．无障碍电影制作的技术性与艺术性——以“光明影

院”实践为例［J］. 当代电影，2023（1）.

［16］张雯，张雅昕. 再媒介化视域下影像口述史的创作和传播——以浙江老摄影家摄影原作展为例［J］. 浙江档案，2023（1）.

［17］唐若愚，陆烨波. 手机 APP 为残障人士免费播放“无障碍电影”法院：明确“合理限度”［J］. 上海人大月刊，2023（10）.

［18］张调调，邓文河. 无障碍电影创作中的视听转换路径研究——以“光明影院”为例［J］. 电影文学，2023（20）.

［19］朱思敏. 可沟通性的构建：无障碍电影的社会影响考察［J］. 残疾人研究，2023（2）.

［20］董慧娟. 我国无障碍电影发展的现状、障碍及其破解［J］. 电子知识产权，2023（5）.

［21］陈韵瑶. 国外口述影像培训模式研究及对公共图书馆视障服务的启示［J］. 河南图书馆学刊，2023，43（3）.

［22］邹政民，李耕华. 近十年国内图书馆残障群体服务研究综述［J］. 河北科技图苑，2023，36（2）.

［23］程娅. 数字时代无障碍格式版出版的现实困境和应对策略——以《马拉喀什条约》的转化实施为背景［J］. 科技与出版，2022（9）.

［24］桂笑冬，高美. 从形式到风格：新主流大片的无障碍电影创作探索——基于“光明影院”案例的分析［J］. 中国新闻传播研究，2022（6）.

［25］付海钲，潘悦. 背景、路径与模式：中国无障碍信息出版与传播的发展探索［J］. 中国新闻传播研究，2022（6）.

［26］王潆萱. 无障碍电影发展现状与改进对策［J］. 明日风尚，2022（14）.

［27］王海英. 修改后的《著作权法》对图书馆阅读障碍者服务的影响——兼议图书馆的角色与作为［J］. 图书馆学刊，2022，44（3）.

［28］陈宝凉. 应用无障碍电影提升视障中学生写作能力——基于个案研究［J］. 福建教育学院学报，2022，23（2）.

［29］曹卫．公共图书馆视障读者服务的创新与发展探究——以苏州图书馆“我是你的眼”项目为例［J］．文化月刊，2022（2）．

［30］陆琦，郑莉娜．雷鸣：用声音为视障人士铺一条“文化盲道”［J］．杭州，2022（2）．

［31］王莉．无障碍电影创作分析与研究［J］．西部广播电视，2022，43（2）．

［32］沈渭菊，许露梅．口述影像中手势与面部表情描述策略研究——以电影《国王的演讲》中的中文口述影像为例［J］．兰州交通大学学报，2022，41（6）．

［33］王浩威，刘洋．基于口述影像多模态语料库的“V+到+X”构式［J］．湖北工业大学学报，2022，37（6）．

［34］詹成．知识翻译学视阈下的口述影像研究：范式与路径［J］．当代外语研究，2022（6）．

［35］闫东．大海捞“珍”，让纪录影像从历史中醒来——从《领航》看口述历史记录与探索的多元呈现［J］．中国广播，2022（5）．

［36］李鼐．海南非遗口述史的数字化影像记录与传播效果研究［J］．对联，2022，28（20）．

［37］陈森．“口述史”的影像承载与家国记忆——以《土地·我们的故事》为个案［J］．电影评介，2022（17）．

［38］张崇岫，孙戎．用影像讲好战斗故事——抗美援朝老兵张崇岫口述实录［J］．江淮文史，2022（5）．

［39］李彦頔．口述民族影像志的文化书写——纪录片《纳人说》的影视人类学解读［J］．现代视听，2022（7）．

［40］沈阳阳，李娅玮．我国无障碍电影发展的现实困境及纾解之道［J］．科技传播，2022，14（13）．

［41］陈维娟．近二十年国内外口述影像研究综述［J］．东南传播，2022（5）．

[42] 杨昆．《马拉喀什条约》背景下我国无障碍出版物的发展 [J]. 出版参考，2022 (4).

[43] 周刘春．纪录片《梦的家园》：国产动画发展轨迹的口述记录与影像勾勒 [J]. 科技传播，2022，14 (2).

[44] 刘广宇，王成莉．倾听节日的声音——中国节日影像志口述实践与价值探索 [J]. 广西民族大学学报（哲学社会科学版），2022，44 (1).

[45] 王莉．中国无障碍电影发展特点与瓶颈探析 [J]. 新闻研究导刊，2021，12 (22).

[46] 于珺．基于泰勒模式的高校视听翻译课程建设探索 [J]. 大众文艺，2021 (21).

[47] 蒋澜俊．无障碍经典体育赛事的口述脚本创作研究 [J]. 新闻研究导刊，2021，12 (21).

[48] 穆雷，梁伟玲，张蓉．2020 年中国翻译研究述评 [J]. 译苑新谭，2021，2 (2).

[49] 罗康特，鄢秀．作者口述影像的理论与实践 [J]. 东方翻译，2021 (4).

[50] 高森．基于视障群体美育需求满足的无障碍电影创作反思 [J]. 教育传媒研究，2021 (4).

[51] 李雨亭，邵睿哲，查浚哲，等．以纪录影像为载体的昆曲保护与传承方式探究——以“昆曲表演口述资料整理与创新性传承推广”项目为例 [J]. 中国民族博览，2021 (13).

[52] 宋本蓉．口述史访谈的影像记录实践研究 [J]. 南都学坛，2021，41 (4).

[53] 王昕璨．龚伟强影像考古口述系列之“发现舒新城” [J]. 电影新作，2021 (3).

[54] 刘东亮．图书馆口述史影像资源建设的实践探索与应用服务策略——以国家图书馆学者专题为例 [J]. 图书馆，2021 (5).

［55］王颖．档案视角下影像“口述历史”采集原则初探［J］．上海广播电视研究，2021（2）．

［56］陈海平．论非遗口述影像记录在达州“巴文化高地”建设中的作用——以石桥火龙非遗传承人口述纪实为例［J］．四川文理学院学报，2021，31（2）．

［57］黄小洁．纪录片视角下重庆形象的他者建构［J］．科技传播，2021，13（4）．

［58］郭晓婉．口述历史的影像呈现在图书馆的发展实践与思考［J］．图书馆研究与工作，2021（2）．

［59］刘东亮．图书馆口述史、影像史资源整理利用与公共服务研究——以国家图书馆中国记忆项目为例［J］．图书馆理论与实践，2021（1）．

［60］吕雪萱．口述影像员——让影视听得见［J］．初中生必读，2021（Z1）．

［61］王晓健，姜慧．用声音传递色彩，用聆听感知艺术——九江市图书馆“浔阳光明影院”无障碍电影放映活动侧记［J］．文化月刊，2021（12）．

［62］郭芸芸．从图书馆角度认识《马拉喀什条约》中的“发展条款”［J］．河南图书馆学刊，2021，41（11）．

［63］安娜．我国图书馆开展无障碍电影服务的版权合理使用制度立法初探［J］．图书馆学刊，2021，43（5）．

［64］吴柯苇．新西兰无障碍格式版本著作权例外制度研究——以《马拉喀什条约》转化立法为中心［J］．出版发行研究，2021（10）．

［65］郭光辉，王珏婧．法治为残疾人撑起一片晴天［J］．上海人大月刊，2021（5）．

［66］黄建东，崔波．如何建设“心灵盲道”？——基于Y市视障用户的媒介使用分析［J］．未来传播，2021，28（2）．

［67］余苗，马璇．数字时代无障碍阅读的有声化发展与变革［J］．科技与出版，2021（7）．

［68］赵希婧，李超鹏．无障碍视听传播的实践创新与发展趋势——以“光明影院”项目为例［J］．青年记者，2021（7）．

［69］吕晓虹，李静．新闻人才培养要处理好坚守与创新的辩证关系——专访中国传媒大学新闻传播学部学部长高晓虹［J］．中国广播，2021（3）．

［70］李鑫宇．用耳朵“看”电影——无障碍电影的发展及口述影像传播的实践与研究［J］．科技传播，2021，13（4）．

［71］刘洋．视障者合理使用制度的立法原则与图书馆无障碍服务［J］．河南图书馆学刊，2021，41（2）．

［72］王东昆．我国图书馆开展无障碍电影服务的版权限制与例外制度立法诉求分析［J］．河南图书馆学刊，2021，41（2）．

［73］沈麟，雷鸣．用口述影像服务视障人士——以杭州之声“我的声音你的眼”公益项目为例［J］．中国广播，2021（1）．

［74］张龙，赵希婧，戎晨珊．无障碍电影对实现视障人群“观赏权”之作用探析——以中国传媒大学“光明影院”实践为例（英文）［J］．中国新闻传播研究，2020（4）．

［75］林卉．中国口述历史类影像作品创作变迁［J］．中国公共史学集刊，2020（0）．

［76］高晓虹，潘悦，付海钲．无障碍电影的社会价值与审美取向［J］．中国新闻传播研究，2020（5）．

［77］夏丽丽．记忆、历史与影像表达——基于养老社区口述史纪录片创作的田野考察［J］．中国新闻传播研究，2020（6）．

［78］陆秋洁．视障人士口述影像服务的实践与思考——以广州图书馆为例［J］．图书馆界，2020（6）．

［79］郭威，张琦，孙艺铭．借助口述影像进行视障人士歌剧咏叹调的辅助教学——莫扎特作品《你就会看到》为例［J］．北方音乐，2020（22）．

［80］郑晔．中国翻译研究双年度报告（2018—2020）［J］．国际比较文学（中英文），2020，3（4）．

[81] 唐昉．数字化时代的多维翻译——《口述影像导论：实用指南》评介 [J]．外国语文，2020，36 (6)．

[82] 卢芳芳．口述民族志影片的创作实践与反思——以影像志《龙州史话》为观照 [J]．贵州民族研究，2020，41 (11)．

[83] 钱林林．《艺术家》口述史影像为经典存档 [J]．新闻文化建设，2020 (11)．

[84] 蒋莉华，李颖．翻译研究新动向：口述影像的多模态分析 [J]．外语教学，2020，41 (5)．

[85] 陈莉莉．口述静态影像在创新视障文化活动中的应用——以深圳图书馆“点亮视界，欣赏世界”活动为例 [J]．河北科技图苑，2020，33 (4)．

[86] 王纪言，王海龙．影像的听觉转化：无障碍电影创作研究 [J]．中国新闻传播研究，2020 (1)．

[87] 肖维青，董琳娜．视听翻译新发展：语音合成在口述影像中的应用——基于针对视障人士的接受实验与调查 [J]．东方翻译，2020 (2)．

[88] 牛阳凡．口述史之下的红旗渠建造者真实形象与纸质、影像媒介塑造之区别——以任羊成老人为例 [J]．名作欣赏，2020 (11)．

[89] 刘嫱，刘书亮．动画在口述历史影像化呈现中的应用 [J]．工业工程设计，2020，2 (2)．

[90] 吕雪萱．口述影像员：让影视听得见 [J]．农村青少年科学探究，2020 (3)．

[91] 宋斐，辛怡丽．我“听”到了电影 [J]．宁夏画报，2020 (11)．

[92] 马进科．走过黑暗，他寻到了光 [J]．宁夏画报，2020 (11)．

[93] 李军．视障者影视作品获取权研究进展及改进策略 [J]．残疾人研究，2020 (3)．

[94] 高晓虹，蔡雨．障碍与突破：中国无障碍电影事业的现状探析 [J]．中国新闻传播研究，2020 (1)．

[95] 李军．无障碍电影版权的障碍及改进——兼论《著作权法（修订草

案送审稿）》无障碍服务条款［J］. 电影文学，2020（7）.

［96］陈泰旭，黄洪珍. 传播“仪式观”视野下的无障碍电影传播［J］. 新闻前哨，2020（3）.

［97］陈思航. 面向视障儿童的图书馆绘本无障碍服务［J］. 图书馆研究，2019，49（4）.

［98］陈莉莉. 公共图书馆助残志愿服务探析［J］. 图书馆研究，2019，49（4）.

［99］邓程嘉. 公共图书馆视障服务的路径探索及对策建议——以重庆图书馆为例［J］. 内蒙古科技与经济，2019（24）.

［100］秦娟. 视觉康复技术在盲校语文教学中的运用［J］. 基础教育参考，2019（19）.

［101］罗杏芬. 公共图书馆无障碍电影口述脚本研究——以广东省立中山图书馆“心聆感影”项目为例［J］. 图书馆学研究，2019（17）.

［102］严悦. 高校口述历史影像档案采集方法［J］. 档案时空，2019（12）.

［103］张伟. 盲校初中物理习题中触摸图的编制［J］. 现代特殊教育，2019（11）.

［104］袁丽华. 基于无障碍电影的残障人群服务与对策研究［J］. 图书馆理论与实践，2019（10）.

［105］雷鸣. 为盲人讲电影的杭州“好声音”［J］. 传媒评论，2019（10）.

［106］桂笑冬，赵东宇. 口述历史纪录片的影像化表达模型构建与实证研究——以 2009 年至 2019 年的央视纪录片为样本［J］. 中国新闻传播研究，2019（6）.

［107］周景. 无障碍理念下口述影像的播音实践与研究［J］. 吉林艺术学院学报，2019（5）.

［108］黄泽杭. 无障碍电影在公共图书馆的服务模式探索［J］. 山东图

书馆学刊，2019（4）.

［109］鄢秀，罗康特．新时代的翻译研究：口述影像理论与实践的重要性［J］．东方翻译，2019（4）.

［110］李明璇．口述历史的应用与地区历史展览——以布鲁克林影像项目和皇后区回忆项目为例［J］．文化学刊，2019（5）.

［111］李东晓，熊梦琪．新中国信息无障碍70年：理念、实践与变迁［J］．浙江学刊，2019（5）.

［112］钟星，甘超逊．全国首部融入档案元素的非遗口述AR影像图书《了不起的非遗》首发［J］．档案记忆，2019（5）.

［113］徐立．口述历史的影像呈现——以纪录片《二十二》为例［J］．当代电视，2019（5）.

［114］毛军华，蒋羽乾．开展戏曲口述影像建档的实践与思考［J］．浙江档案，2019（3）.

［115］梁凯程．中国香港口述影像的发展与实践（英文）［J］．翻译界，2019（2）.

［116］赵希婧．用聆听感知艺术：无障碍电影的使用与满足——基于187名视障青少年的实证研究［J］．中国新闻传播研究，2019（2）.

［117］张楚．口述历史的影像化表达路径探析——以纪录片《二十二》为例［J］．现代视听，2018（9）.

［118］高维．全媒体时代高校思想政治教育话语重塑［J］．新闻知识，2018（4）.

［119］陈家彦．从大众传播角度看口述历史的影像表达［J］．上海广播电视研究，2018（2）.

［120］许高慧，李春雷．《国家宝藏》：口述史影像化再现中的多元创新和三维价值［J］．新闻战线，2018（4）.

［121］冯纪元．口述影像的版权规制探究——以影视作品为例［J］．河南科技，2018（3）.

[122] 夏熊飞. 应加大无障碍电影推广力度 [J]. 青年记者，2018 (19).

[123] 赵晶. 建构主义理论与图书馆盲人阅读推广模式构建 [J]. 图书馆工作与研究，2017 (7).

[124] 陈惠敏. 让盲童享受阅读快乐 [J]. 现代职业教育，2017 (20).

[125] 常洪艳，符小娟. 公共图书馆提升无障碍服务能力的现实路径探析 [J]. 绥化学院学报，2017，37 (4).

[126] 阙政. 盲人也能"看"电影了 [J]. 新民周刊，2017 (3).

[127] 曲大鹏，汪静波. 用"好声音"做温暖事——谈无障碍电影解说公益活动 [J]. 中国广播，2017 (1).

[128] 刘阳. 影像如何记忆——中国口述历史纪录片研究 [J]. 声屏世界，2016 (12).

[129] 徐亚萍. 影像化的口述证言——口述历史的认识论转向 [J]. 北京电影学院学报，2016 (5).

[130] 吴勇. 试谈天津教育口述史的影像研究方法 [J]. 天津市教科院学报，2016 (4).

[131] 朱奕亭. 论口述历史的"影像转向" [J]. 现代传播 (中国传媒大学学报)，2016，38 (6).

[132] 袁丽华. 面向视障读者的图书馆阅读活动效果评估研究——基于南京市无障碍图书馆的调查分析 [J]. 图书馆学研究，2016 (20).

[133] 庞建民. 公共图书馆开展视障读者阅读推广的实践与思考 [J]. 图书馆研究，2016，46 (5).

[134] 袁丽华. 面向残障群体的图书馆阅读推广——以南京特殊教育师范学院为例 [J]. 内蒙古科技与经济，2016 (15).

[135] 夏曦明. 用声音感受光明："心幕影院"爱心工程进行中 [J]. 图书馆建设，2016 (5).

[136] 马波. 浅议无障碍电影 [J]. 当代电视，2016 (5).

[137] 刘扬，黄天书，熊闫寅子．隐形的翅膀依然可以飞翔——浅论无障碍电影影片的筛选及制作［J］．戏剧之家，2016（5）．

[138] 刘扬，熊闫寅子，黄天书．浅谈盲人无障碍电影的选择与出路［J］．戏剧之家，2016（5）．

[139] 周东升．服务育人、读者至上——南京特师图书馆引导大学生践行社会主义核心价值观的创新［J］．才智，2016（1）．

[140] 李震宇．试析口述史研究在革命纪念馆工作中的功用——以连云港市革命纪念馆老革命影像资料抢救工程为例［J］．党史博采（理论），2015（12）．

[141] 陈海平．借助现代媒介，保留历史真迹——从历史文献片《红星辉映达州》谈起［J］．绵阳师范学院学报，2015，34（12）．

[142] 孟志军．口述历史的影像记录原则与方法［J］．新闻知识，2015（10）．

[143] 沃淑萍．简论盲人阅读方式与服务模式发展［J］．残疾人研究，2015（2）．

[144] 吴宗艺，谢桢桢．中国视障口述影像服务的发展现状与大陆推广［J］．新闻研究导刊，2015，6（10）．

[145] 全根先．口述史、影像史与图书馆文献体系建设［J］．图书馆界，2015（2）．

[146] 全根先．口述史、影像史与中国记忆资源建设［J］．国家图书馆学刊，2015，24（1）．

[147] 周东升，陆宁，李寿媛．残健融合阅读共享——以南京特殊教育师范学院图书馆读书节活动为例［J］．山东图书馆学刊，2015（6）．

[148] 刘小锋．实施馆员自我管理和知识转移关系的试验与启示［J］．图书馆理论与实践，2015（11）．

[149] 李锋立．盲人朋友图书馆享受电影艺术乐趣［J］．图书馆理论与实践，2015（11）．

[150] 张涛，宁黎黎. 2015 上海广播节旋风再起东方 [J]. 中国广播，2015 (11).

[151] 寇玉玲. 宁夏银川市图书馆为盲童放映无障碍电影 [J]. 图书馆理论与实践，2015 (5).

[152] 陈建凯. 无障碍电影的“障碍”——上海市“无障碍电影”现状分析及出路探究 [J]. 新闻研究导刊，2015，6 (7).

[153] 刘广宇，焦虎三. 口述与呈现，叙事与风格——尔苏藏族“环山鸡节”影像志创作后记 [J]. 民族艺术研究，2014，27 (6).

[154] Aline Remael，丁方舟. 从视听翻译到无障碍传播：实时字幕、口述影像与声音字幕 [J]. 浙江传媒学院学报，2014，21 (4).

[155] 符艺. 口述影像在公共图书馆视障服务中的应用与思考 [J]. 图书馆论坛，2014，34 (8).

[156] 刘晓云. 新媒体、新技术在视障读者阅读服务中的应用 [J]. 图书馆学刊，2014，36 (5).

[157] 陆宁. 政校合作开展无障碍视频文化服务的研究——以南京特殊教育职业技术学院图书馆开展无障碍视频文化服务为例 [J]. 科教文汇（上旬刊），2014 (31).

[158] 祖红波. 无障碍阅读服务的对策研究 [J]. 天津商务职业学院学报，2014，2 (5).

[159] 潘祥辉，李东晓. 绘声绘色：中国无障碍电影的发展现状及展望 [J]. 浙江学刊，2013 (4).

[160] 李肖. 我国盲人阅读资源及阅读推广现状 [J]. 新世纪图书馆，2013 (5).

[161] 李东晓. 我国电视媒体的无障碍发展现状、问题兼及建议 [J]. 现代传播（中国传媒大学学报），2013，35 (5).

[162] 赵蕊. 影像·记忆与认同——口述史纪录片的历史真实 [J]. 电影文学，2013 (9).

[163] 高瑾．公共图书馆如何营造书香中国——以辽宁省图书馆阅读推广活动为例［J］．科技情报开发与经济，2013，23（22）．

[164] 王宇英．影像史学的再出发——以当下热播的口述历史节目为例［J］．文艺理论与批评，2012（6）．

[165] 王宇英．多媒体融合的口述历史影像传播［J］．重庆社会科学，2012（11）．

[166] 王宇英．影像记忆：口述历史的介入与超越——崔永元《我的抗战》研究［J］．现代传播（中国传媒大学学报），2012，34（8）．

[167] 张莹．数字化时代翻译研究面对的新现象新课题［J］．中国翻译，2012，33（4）．

[168] 蔡骐．影像传播中的历史建构与消解——解析电视传播中的“口述历史”现象［J］．新闻与传播研究，2012，19（2）．

[169] 杨琴，罗小红．口述历史的影像叙述——《中国记忆》与《人民记忆》的比较研究［J］．当代电影，2012（3）．

[170] 曾广昌．无障碍电影在发展［J］．电影评介，2012（9）．

[171] 王颖．影像口述历史资料的采集原则［J］．现代视听，2011（11）．

[172] 钟楚．国家“十二五”重大音像出版工程“中国无障碍电影项目”正式启动［J］．中国出版，2011（11）．

[173] 王瑜．“无障碍电影”：推动公益事业惠及残障人士［J］．全国新书目，2011（5）．

[174] 谢勤亮．倾听“过去的声音”——影像口述史的中国实践与发展路向［J］．现代传播（中国传媒大学学报），2010（12）．

[175] 郑丽娜．口述本身就是最好的画面——试论口述体纪录片构建独立影像空间的可能性［J］．东南传播，2007（5）．

四、学位论文

[1] 任彤婕. 口述历史纪录片对历史记忆的影像建构 [D]. 东北师范大学，2023.

[2] 范思婕. 翻译目的论视角下的英语口述影像语言特征研究 [D]. 北京外国语大学，2023.

[3] 许露梅. 中英口述影像中手势与面部表情描述策略对比研究 [D]. 兰州交通大学，2023.

[4] 王冠男. 中英口述影像连贯性创造对比研究 [D]. 兰州交通大学，2023.

[5] 杜晨晨. 口述史视野下庆祝建党百年影像作品对集体记忆的建构研究 [D]. 天津体育学院，2023.

[6] 张警. 影像口述史中的"卡农模式"叙事结构 [D]. 贵州民族大学，2022.

[7] 潘玉珊. 浙江省视觉障碍博物馆建设重要性研究 [D]. 中国美术学院，2022.

[8] 潘丽蓉. 关联翻译理论视角下外语电影口述影像中英双语脚本对比研究 [D]. 北京外国语大学，2022.

[9] 钟金洋. 口述史纪录片影像化创作策略及思考 [D]. 信阳师范学院，2022.

[10] 金祯耀. 口述历史纪录片影像叙事研究 [D]. 曲阜师范大学，2022.

[11] 朱思敏. 无障碍电影的声音景观建构及其社会影响考察 [D]. 暨南大学，2022.

[12] 巩汉曾. "口述电影"的影像创作研究 [D]. 贵州民族大学，2021.

[13] 郝竹君.《翻译研究中的复杂性思维：方法思考》（节选）汉译实

践报告［D］. 广西师范大学，2021.

［14］张云航. 口述历史纪录片对集体记忆的影像建构研究［D］. 河南大学，2020.

［15］刘九洲. 口述体纪录片的影像表达路径［D］. 贵州民族大学，2019.

［16］覃榕. 口述历史影像化研究［D］. 暨南大学，2018.

［17］阿布都赛米·阿不都热衣木. 口述民族志的影像呈现［D］. 新疆师范大学，2017.

［18］仇逸. 论盲人“看”电影过程中译者的译述策略［D］. 苏州大学，2016.

［19］唐崇维. 影像记忆：口述历史的介入［D］. 华中师范大学，2013.

［20］朱伟. 从文字文献到影像口述［D］. 东北师范大学，2012.

五、报纸

［1］樊凡，朱丽娜. 用阅读架起一座“彩虹之桥”［N］. 中国新闻出版广电报，2023-11-27（4）.

［2］彭冰，柳姗姗，王涛. 通往视障者心灵的“文化盲道”［N］. 工人日报，2023-11-25（3）.

［3］蒋雨彤，贾骥业. 全力确保“两个亚运同样精彩”［N］. 中国青年报，2023-10-22（1）.

［4］杨铌紫. 信息无障碍，从沟通开始［N］. 重庆日报，2023-10-19（12）.

［5］莫思予，颜澜萍，唐蔚嫱. 家门口的新场景美好生活新图景［N］. 福州日报，2023-10-06（1）.

［6］李桂杰. 董丽娜：视障了，心依然明亮［N］. 中国青年报，2023-09-01（3）.

［7］隋明照. 为了让视障朋友“看”电视剧，拼了！［N］. 中国新闻出

版广电报，2023-06-08（6）.

[8] 王晓慧．无障碍电影铸就“文化盲道”[N]. 华夏时报，2023-05-24（6）.

[9] 徐嘉伟．搭一条直抵心灵的文化“盲道”[N]. 人民日报海外版，2023-05-24（7）.

[10] 王美莹．以声为媒为视障者演绎光影美好 [N]. 光明日报，2023-05-22（7）.

[11] 周南，文梅．破解无障碍阅读服务难题让视障群体共享精神文明之光 [N]. 华夏时报，2023-05-01（3）.

[12] 张琦．无障碍阅读让书香触手可及 [N]. 晋中日报，2023-04-26（3）.

[13] 赵新乐．除小碍聚大爱 [N]. 中国新闻出版广电报，2023-03-29（7）.

[14] 张敏．帮盲人“看”大片的90后 [N]. 中国青年报，2023-03-02（4）.

[15] 陈颖婷．无障碍电影如何真正“无碍”[N]. 上海法治报，2023-01-18（A08）.

[16] 秦毅．文化助残传递爱与责任 [N]. 中国文化报，2022-09-15（6）.

[17] 申东．宁夏立法促进公共文化建设 [N]. 法治日报，2022-08-28（7）.

[18] 朱萌，郭志清．山西省图书馆：让视障读者“看”到“诗和远方”[N]. 中国文化报，2022-07-04（4）.

[19] 朱丽娜．聚合力量，为视障人群打开“光影世界”[N]. 中国新闻出版广电报，2022-05-18（8）.

[20] 向秋樾．四月春风暖启书享“悦”读 [N]. 贵州日报，2022-04-22（6）.

[21] 刘彤．共享文化成果点缀美好生活［N］．人民政协报，2022-04-01(8).

[22] 刘四红．改善无障碍版支付数字人民币更普惠［N］．北京商报，2022-03-11 (4).

[23] 左志红．《口述影像历史：与共和国同行（1949—1978）》（全三卷）用珍贵影像展现时代画卷［N］．中国新闻出版广电报，2021-09-10(T10).

[24] 柏桦，党思彤．文化助残用爱服务特殊群体［N］．陕西日报，2021-08-04 (10).

[25] 秦毅．陕西：文化助残让公共服务普惠特殊群体［N］．中国文化报，2021-06-29 (8).

[26] 解冬．发展无障碍电影，解决视障人群“看”电影需求［N］．中国艺术报，2019-03-15 (5).

[27] 全根先．口述史、影像史与图书馆资源建设［N］．中国出版传媒商报，2014-09-23 (6).

[28] 端木晨阳．“三只眼”透视无障碍电影［N］．中国电影报，2013-07-04 (3).

[29] 刘彬，吴娜．中国无障碍电影项目启动［N］．光明日报，2011-05-29 (4).

[30] 黄海华．“看”见更广阔的世界［N］．解放日报，2011-04-23(6).

[31] 谈燕．无障碍电影：“看”得很过瘾［N］．解放日报，2011-04-20(8).

[32] 李强．心语心愿沟通不再有障碍［N］．南方日报，2010-12-13(A08).

[33] 冯联清，李家麟．徐家汇街道残障人士享受“全新视听”［N］．上海科技报，2010-11-17 (A02).

[34] 赵玉．日本担忧残疾人无法欣赏更多电影 [N]．中国文化报，2010-05-06 (3).

[35] 汪景然．无障碍电影：制作发行放映初见成效 [N]．中国电影报，2009-12-17 (11).

后记

本书是山东省社会科学规划项目的结项成果之一，根据实际情况，本书将研究内容略做调整，将研究基点放置在心理学的视野下考量。进行以上调整主要是考虑以下几个方面：一是无障碍视听产品的创作近年来呈现出共情建构的趋势，具体的产品创作不仅仅局限在单纯的无障碍改造，而且开始向建立在共情基础之上的具身体验扩展。所以，用心理学与电影艺术的结合作为内容切入，更符合现实实践创作的发展，有利于强化理论与实践的有效互动。二是视听障特殊受众在无障碍电影创作发展体系中的作用举足轻重，更能反映出无障碍电影的发展机理与走势，尤其是这一特殊群体的心理认知特征，对于特殊文化产品的供给与均等化建设更具针对性和覆盖性。三是视听障群体的文化需求日益提升，单纯的无障碍电影的创作并不能满足这一特殊群体的多样化需求，以心理领域的视角考量，可以更为广泛地考察无障碍文化产品的精准性服务质量，创作过程所涉及的多个环节可以对视听障群体的文化满足形成更为宽泛的对应，有利于为公共服务体系均等化的建设提供更具针对性的理论参考。

无障碍艺术是本人近年来持续关注的研究内容，选题的聚焦源于本人在中国艺术研究院攻读博士学位期间结合所在工作单位的发展特色所进行的交叉结合研究。中国艺术研究院是我国唯一一所集艺术研究、艺术教育、艺术创作、非物质文化遗产保护和文化艺术智库于一体的国家级综合性学术机构，是我国艺术学研究最具影响力的重镇之一，群英荟萃的师资结构引领我们在